学校調べ

\ 知りたい！/

# 専門学校

## 衛生分野 ①

美容・理容・メイク・ネイルなど

大岳美帆 著

ぺりかん社

## はじめに

　この本を手に取ったあなたが、興味をもっている美容のジャンルは何ですか。何をきっかけに、おしゃれに興味をもつようになったのでしょうか。

　ちょっとおかしなことを言うかもしれませんが、聞いてください。私たちの髪の毛は、放っておくとどんどん伸びていきます。長く伸びた髪を洗ったり、まとめたりするのはめんどうなので、いっそのこと男性も女性もバッサリ切ってしまえば楽だと思うのです。いろいろな道具がなかった時代にはなおのこと、そのほうが手間いらずだったはずです。

　でも、日本の歴史だけでなく、世界の歴史をひもといて、残された文献や絵を見る限り、もともと縮れ毛で長く伸びにくい民族以外、男女ともに髪を短く刈り上げている国や時代はほとんど見当たらず、逆にどんな国の人びともそれぞれの時代に個性豊かな装いや髪型、メイクをしていることがわかります。

　メイク法や理容の原型である西洋理髪は、古代エジプトには始まっていたというのですから、人類はおしゃれへのこだわりや探求心をもった生き物なのかもしれませんね。

　髪やひげは伸びるので、そのまま放っておくことはできませんから、人びとの生活には常に、感染症予防などの衛生知識のある美容師や理容師の確かな技術が必要であり、人とかかわりをもつうえで、自分を表現する手段のひとつであるおしゃれは注目されてきたのです。

　そんなおしゃれのトレンドを支える美のプロフェッショナルを養成するのが、この本で取り上げている美容・理容の専門学校です。

　厚生労働省によると、2024年3月末時点の美容室の数は27万4070

店で、美容師の数は57万9768人にのぼります。理容室はというと、その数11万297店。理容師の数は19万9467人でした。

理容室の数と理容師の数が前年より若干減ったのに対して、美容室の数と美容師の数は前年より増え続けているそうです。それは、美容室に通う男性の数が多くなっているからだといいます。美容室に行く男性が増え、そのぶん理容室に行く男性が減ったということでしょうか。かつては「女性は美容室に、男性は理容室に行く」のがあたりまえという時代がありましたが、遠い過去のお話のようです。

さらに、ネイル、エステティック、リラクゼーション、アイビューティーといったジャンルが、市場規模を拡大しているといいます。美容室・理容室以外のこれらのサロンを利用する人が増えているのです。ネイルサロンやエステティックサロンを利用する男性もここ数年、増加傾向にあるそうです。

美容だけでなく、癒やしや健康維持をサポートするこれらの仕事の需要は、なくなることはないでしょう。むしろ技術とセンスのある人材のニーズは高まる一方かもしれません。

美容・理容の専門学校は、業界で必要とされる高度な技術と豊富な知識を身につけることができる場です。その技術と知識は、生涯にわたってあなたの武器となることでしょう。美容・理容にかかわる仕事のジャンルも活躍の場も、広範囲にわたります。望めば、海外で働くことも夢ではありません。

将来、美容・理容業界でどんな仕事をしたいのか、どんな技術者になりたいのか。5年先、10年先を見据えて、思いをめぐらせてみてください。この本を読めば、少しだけ具体的になるかもしれません。その手助けになれたら幸いです。

著者

なるにはBOOKS 学校調べ
知りたい！専門学校　衛生分野①　**目次**


はじめに ……………… 3


**1章** **衛生分野①とは？**

衛生分野①にはどんな学校があって何を学ぶの？ …………… 10

学校ではどんな実習が経験できるの？ …………… 14


**2章** **学校では具体的にどのようなことを学ぶの？**

美容分野の学科で学ぶこととは？ …………… 20

**学生にインタビュー！**

　美容分野の学生①　日本美容専門学校　今井 凛さん …………… 22

　美容分野の学生②　山野美容専門学校　牧野和馬さん …………… 24


理容分野の学科で学ぶこととは？ …………… 26

**学生にインタビュー！**

　理容分野の学生①　国際文化理容美容専門学校国分寺校　石渡 禅さん

　　　　　　　　　　…………… 28

　理容分野の学生②　国際理容美容専門学校　門林 藍さん …………… 30


メイク分野の学科で学ぶこととは？ …………… 32

**学生にインタビュー！**

　メイク分野の学生　国際理容美容専門学校　大竹優愛さん …………… 34

ネイル分野の学科で学ぶこととは？ ………… 36

学生にインタビュー！

ネイル分野の学生　東京美容専門学校　薗田彩希さん ………… 38

エステティック分野の学科で学ぶこととは？ ………… 40

学生にインタビュー！

エステティック分野の学生
東京ビューティーアート専門学校　寺地由莉音さん ………… 42

ブライダル分野の学科で学ぶこととは？ ………… 44

学生にインタビュー！

ブライダル分野の学生　山野美容専門学校　齋藤愛菜さん ………… 46

その他の分野の学科で学ぶこととは？ ………… 48

学生にインタビュー！

その他の分野の学生
東京ビューティーアート専門学校　伊藤綺莫さん ………… 50

## 3章　専門学校の学生生活について知りたい！

専門学校の学生の一日はどんな感じなの？ ………… 54

専門学校に入学してから卒業するまで ………… 58

専門学校の学生はどんな活動をしているの？ ………… 62

## 4章　卒業後の道は？

卒業後に就ける仕事には何があるの？ ………… 68

美容・理容分野で取得できる資格を知りたい！ ………… 72

美容・理容関連の就職活動について知りたい！ ………… 76

## 5章 卒業生に話を聞いてみた！

**卒業生にインタビュー！**

- 美容師① メンズヘアサロンfifth 渋谷店　橋本龍星さん ……… 82
- 美容師② EACH 吉祥寺店　上條実織さん ……… 84
- 理容師① ヘアーサロン銀座マツナガ 京橋エドグラン店　細井麻衣さん ……… 86
- 理容師② luxssy shaving beauty salon　寺田志帆さん ……… 88
- ネイリスト ERUSARIO 新宿店　坂口ともみさん ……… 90
- エステティシャン TBCグループ株式会社　綿貫咲希さん ……… 92
- ブライダルスタッフ 株式会社ツルミ美容院 アニヴェルセル ヒルズ横浜店　平野瑠奈さん ……… 94

## 6章 専門学校を選ぶときに気をつけたいこと

- 美容・理容系の専門学校の入試方法と選考について ……… 98
- 美容・理容系専門学校の学費について ……… 102
- 美容・理容学生をめざすなら中高生時代にやっておきたいこと ……… 106

＊本書に登場する方々の所属・情報などは取材時のものです。

# この本の使い方

この本は6章構成です。最初から読まなくても構いません。
興味のあるところからページを開いてみてください。
そして、何度も読み返してみましょう。読み進めるうちに、
将来像が思い浮かんでくるかもしれませんよ。

## ざっくりと学ぼう！

### 1章
衛生分野①とは？

この分野の学校で学べることを説明するよ

## 学校選びについて

### 6章
専門学校を選ぶときに気をつけたいこと

入試方法や学費などについてふれているよ

## もっとくわしく知る！

### 2章
学校では具体的にどのようなことを学ぶの？

学科の紹介と学生のインタビューが読めるよ

## 知りたい！専門学校

## どこで活躍できる？

### 5章
卒業生に話を聞いてみた！

社会で活躍する卒業生の声を紹介するよ

## 学生ライフって？

### 3章
専門学校の学生生活について知りたい！

学校生活の一日や、入学から卒業までをイメージ

## 卒業後の仕事は？

### 4章
卒業後の道は？

卒業後の仕事や取れる資格を解説！

## 1章

# 衛生分野①とは？

# 衛生分野①にはどんな学校があって何を学ぶの？

## 外見と内面の「きれい」を学ぶ

　みなさんはおしゃれが好きですか？　ヘアアレンジやメイクは学校では禁止されているかもしれませんが、興味がある人もいますよね。長い夏休みの間にマニキュアやペディキュアを楽しんでいる人や、かっこいいと思ったヘアスタイルのセットの仕方をYouTubeで見て、試した人もいるのではないでしょうか。

　そもそも、この本のタイトルにある「"衛生分野"って何？」と思った人もいるかもしれませんね。**この分野で紹介するのは、美容や理容、メイク、ネイルなど、おしゃれが大好きな人にぴったりな学校です。**

　「きれいでいたい」「かっこよく見られたい」という思いは、いつの時代も変わらずにある自然な気持ちです。一方で、「きれいにしてあげたい」「かっこよくしてあげたい」という思いもまた、いつの時代も変わらずにある人の気持ちです。そんな気持ちをかなえるための知識と技術を学ぶのが、この分野の学校なのです。

　そして、きれいやかっこよさといった外見の美を引き出す技術と同時に、健康な体や心を保つためのノウハウや、内面のみがき方を学べることも、この分野の学校の特徴です。

## 美容産業で活躍するために

　みなさんも知っていると思いますが、**美容師・理容師として働くためには国家資格が必要です。**

でも、美容産業にかかわっているのは、美容師・理容師だけじゃありませんよね。ヘアメイクアーティスト、ヘアカラーリスト、エステティシャン、ネイリスト、アイデザイナー、トータルビューティシャン、シェービニスト、ビューティーセラピスト、ビューティーアドバイザーなど、たくさんの職種の人たちが活躍しています。

　これだけの職種があって、それぞれが仕事として成り立っているということは、それだけ個々の仕事の内容にも専門性と高い技術があるということです。だからこそスペシャリストとして認められるのです。

　**美容・理容の専門学校では、基本的に美容師・理容師の国家資格の取得をめざして、美容・理容に関する最新の情報に基づいた正しい専門知識や高い技術力を身につけていきます。**就職のさらにその先のキャリアも見据えて、息長く活躍できるように、美容・理容にかかわる全般的な基礎知識と、なりたい自分の専門技術をしっかり学べるカリキュラムを組んでいます。

　**国家資格を必要としない仕事でも、民間団体が統一資格制度をつくって、認定試験などを行っています。**美容・理容の専門学校ではそうした団体と連携して、美容産業で必要とされる人材を育成しているのです。在学中に取得できる資格もたくさんありますよ。

　資格の種類は75ページに一覧を掲載しているので、参考にしてください。

## 国家試験の合格をめざす

　**美容・理容の専門学校に設置されているもっとも多い学科が、「美容科」「理容科」です。**それぞれどんなことを学ぶのか見ていきましょう。

　美容科では、美容師免許を取得することをめざしますが、ヘアデザインの技術と理論から、カット、パーマ、まつ毛パーマ・まつ毛エクステンション（まつエク）など、国家資格の取得をメインにしている学校もあれば、それだけで

なく、メイク、ネイル、エステティックなどをプラスで学ぶ学校があります。

　理容科では、理容師免許を取得することを前提にして、ヘアカットやシェービングなど「刈る・剃る」といった理容ならではの専門技術をメインに学ぶほか、サロンでもニーズがあるフェイシャルトリートメントやネイルケア、着付けやブライダルヘアメイクなどの美容技術まで幅広く学ぶ学校もあります。

　特に、シェービング技術を活かして、ブライダルやエステティックの業界で活躍する女性理容師も増えていますよ。

## 専門性を深めるための学科を設置

　美容産業の職種が細かく分けられるようになったことから、美容科・理容科のほかに「ヘアメイク科（メイク科）」や「エステティック科」「トータルビューティー科」など、いくつかの学科を設けて、より専門的に学ぶカリキュラムを組んでいる学校があります。学科として単独の「ネイル科」はあまり見かけませんが、ネイリストをめざせる学科は多数あります。

　ヘアメイク科ではあらゆるシーンに合わせて、実践的なヘアメイクを学びます。美容室で行う成人式やブライダルのメイクだけでなく、映画やテレビ、CM、舞台やショー、雑誌の撮影現場などで活躍するヘアメイクアーティストをめざせます。

　エステティック科では、顔だけでなく全身のケアができるエステティシャンとして働くための専門知識と技術を身につけます。エステティックに特化した学科や専攻コースでは、国内の認定団体の上位資格から国際ライセンスにも挑戦できる力を養えます。

　トータルビューティー科では、メイク、エステティック、ネイルなど、美容全般の知識と技術を学びます。学校によりますが、どの技術もバランスよく習得できるように、2年間のカリキュラムが組まれています。その中できわめたい分野があれば、専攻コースを選べる学校もあります。2年間でさまざまな検定試験の勉強を通して自分をみがき、資格を取得するのです。

ネイルの基礎的な知識と技術は、美容科や理容科、ヘアメイク科やエステティック科、トータルビューティー科などで学べます。アーティスティックな技術が要求されるトップレベルのネイリストをめざすなら、専攻コースで学ぶと上位資格も取得できます。

## 通信課程でも美容師・理容師をめざせる

　美容・理容学校には昼間部、夜間部、通信課程の3つの教育課程をもつ学校があります。厚生労働省では、美容師・理容師になるために専門学校を含む養成機関で学ぶ期間は「昼間部、夜間部が2年以上、通信課程が3年以上」と定めています。学校や学科によっては通信課程を設けていないこともあります。

　つぎのページでくわしく説明しますが、**美容・理容学校では授業のおよそ6割を実技実習にあてています。**夜間部はもちろん通信課程でも、ライフスタイルに合わせたスクーリングコースを用意しているので、国家試験に向けた実技実習で腕をみがきます。

### さまざまな学科の例

- A美容専門学校の学科
  美容科　理容科

- B美容専門学校の学科
  美容科　ヘアメイク科
  トータルビューティー科
  エステティック科

- C美容専門学校の学科
  専門科　総合美容科

- D美容専門学校の学科
  ヘアデザイン科　メイク科
  ブライダル科

# 学校ではどんな実習が経験できるの？

## どうして実技の実習が必要なの？

　前のページで、美容・理容学校では、授業のおよそ6割を実技実習にあてている、と紹介しましたよね。それほど学びの中で実技実習を重視するには理由があります。

　**美容・理容にかかわる仕事の多くは、人の髪の毛や肌に直接ふれる仕事です。**ハサミやカミソリも使いますし、カラーリングやパーマなどでは、薬剤やたくさんの美容器具も使います。一歩間違えば、人を傷つけてしまう恐れのある道具を使う仕事です。

　どんなにたくさんの知識が頭に入っていても、腕に覚えがなければ、お客さまに正確で安心感を与えられる技術をほどこすことはできないですよね？　カットや顔そりなどの技術を身につけるには、実際にくり返し練習するしかないのです。

## 自分の弱点を克服できる

　そのため美容・理容学校では、現場のキャリアがある先生の指導のもと、実技実習にたくさんの時間を割いています。

　ある学校では、授業のほとんどが実技実習だといいます。ヘアセットやメイク、ネイルなど、異なる分野の実習を積み重ねることで、自分の得意なことや不得意なことがわかります。そうすると、集中して練習したほうがいい点が浮かび上がってきますよね？　実技実習に追われるのは大変そうですが、**実は多**

くの学生が「実習の時間が一番楽しい！」と話しているんですよ。

### 実習にはたくさんの道具が必要!?

　美容・理容学生は入学と同時に、実習に必要な道具をそろえます。たとえば、以下のようなものです。
- **実技実習に不可欠な練習用のマネキン「ウィッグ」**
- **ウィッグを机に固定する「クランプ」**
- **ブラシやコーム、商売道具のシザーズ（ハサミ類）**
- **メイク道具、ネイル道具**

　理容学生だと、美容師では使わないシェービングの道具、クリッパー（バリカン）やレザー（ひげや襟足などを剃る剃刀）も必須です。

　実習授業に合わせてたくさんの道具を持ち運ぶので、美容・理容学生は常に大きなカバンをたずさえているんですよ。

### ウィッグで練習！

　美容科用のウィッグは、カット・カラー用、ワインディング（パーマをかける際に髪をロッドに巻く）用やアップスタイル用など、いくつかの種類があります。その練習がしやすいように、用途に応じて何種類かラインナップされているのです。

　理容科用も同じように何種類かありますが、**カットや刈り上げ、シェービング用は、練習前は長髪でひげ面になっています。**美容・理容の専門学校で使用するウィッグは、いずれも人の毛髪を使っています。

　美容科で習得するまつ毛カールやまつ毛エクステンションの練習用マネキンは、まつ毛のついている「まぶた」が取り換えられるようになっています。また、メイクの練習用マネキンや、ネイルの練習用ハンドマネキンもあります。

　今はYouTubeなどの動画で、いくらでもプロの技を見ることができるため、

練習用マネキンは、自宅で練習する学生に重宝されています。

## クラスメートをモデルにした練習も

　学校では、授業中でも自宅でも、「ウィッグを使用して実習するときは、『人』にしていると思ってやるように」と指導しています。常に細心の注意を払って、技術を提供する意識と姿勢を身につけるためです。

　**実技実習では、「相モデル」といって、学生どうしで交代にモデルとなって練習することもあります。**クラスメートにパーマやカラーはしませんが、メイクやネイル、フェイスケアなどを練習し合います。

　はじめは緊張しますが、マネキンや自分にするのとは違い、相手に不快な思いをさせない微妙な力加減などを体で覚えていくのです。

## 最新設備を備えた施設で実習を積む

　カットモデルやメイクモデルを、近所の大学に通っている大学生などにお願いすることもあります。また、エステティックの実践授業などでは、校内のエステサロン実習室にお客さまを招いて、実習することもあります。

　あるエステティック科の学生が、つぎにように話してくれました。
「クラスメートが相モデルだと、何回かやっているうちに肌質がわかってくるので、トリートメントの仕方も同じものになりがちなんです。サロン実習ではいろいろな肌質のお客さまに対応することになるので、とても勉強になります」

　美容・理容の専門学校の多くが、校内に以下のような設備や施設を備えています。
- 美容実習室や理容実習室
- シャンプー室、メイク実習室、エステ実習室
- 着付け実習室
- 作品を撮影するための撮影スタジオ

16

設備が整った校内の施設に、さまざまな分野で活躍している現役のプロフェッショナルを先生として招いて、実践的な授業を行っています。

　実技実習は、実際のサロンワーク（美容室・理容室をはじめ、それぞれのサロンで行われる業務全般）を想定して行われるため、技術力に加えて、現場での対応力やプロ意識を培うことがねらいです。学校の近所に住む一般の人も利用できる美容室や理容室、エステティックサロンを併設している学校もあります。**学生はインターンシップのように、「サロンで働く」という本物の現場体験ができます。**

## コンテストやショーに出場することも

　このような環境で腕をみがきながら、さまざまな検定試験に挑戦して、就職後に活かせる資格を取得することもできます。

　また、校内のコンテストやショーなどに参加して、作品を作り上げることで実力をつけていきます。そうしてさらに、外部のコンテストに出場して実績を積んでいくのです。

　コンテストでは自分のレベルを確認できるだけでなく、ほかの美容・理容学校の学生や現役のスタイリストなども数多く参加するので、人とのつながりの輪を広げる絶好の機会となります。

　それも、実技実習をがんばった結果といえるでしょう。

## 2章

学校では具体的に
どのようなことを
学ぶの？

## Question
# 美容分野の学科で学ぶこととは?

### 美容師になるために

　**美容分野の専門学校には、美容科、美容学科、美容師科などの学科があります**。美容師の国家資格取得をメインにしている学校もあれば、それだけではなく、メイクやエステティック、ネイルなどをプラスで学ぶ学校があり、たいてい昼間部と夜間部で2年間、通信課程では3年間学びます。通信課程はどの学校でも、国家資格の取得に特化した指導を行っています。

　具体的に、昼間部・夜間部では全国の美容学校共通の必修科目を学びます。たとえば、関係法規・制度や衛生管理。美容師にかかわる法律や制度、公衆衛生や伝染病予防に関する知識などです。

　また、日々ふれることになる人の皮膚や毛髪についてだけでなく、人体のさまざまな構造と機能を学びます。もちろん、基本的な化粧品からパーマなどで使用する薬品まで、その性質や扱い方も習得します。さらに美容技術やファッションの歴史から、経営管理や労務管理、マーケティングなど、美容室を運営する方法についても学びます。

　こうした必修科目のほか、**選択科目ではまつ毛エクステンション（まつエク）、エステティック、メイク、ネイル、着付け、色彩学、造形学、栄養学、アロマテラピー、英会話、接客マナーなど、学校ごとに特色を活かした科目を学びます**。美容師にはお客さまの要望に応えるための技術力が必要です。加えて、美容の最新ヘアトレンドを発信するための情報を収集する力、お客さまと、またサロンでよりよい人間関係を築くコミュニケーション能力が不可欠なため、そうした力も養っていきます。

20

## カットやカラーリングの実習は楽しい

　多くの美容学生が「楽しい」と口をそろえるのが、実技実習の授業です。授業では「ウィッグ」と呼ばれる練習用のマネキンを使います。

　**入学するとまず道具の使い方を学び、実技の練習を始めます。パーマをかける際に髪をロッドに巻くワインディングや、髪全体にローションを塗りコームと指で全体をウエーブ状にするオールウェーブセッティングといった、国家試験の課題となる技術も学んでいきます。**

　また、メイクやネイル、ヘアデザインなどは「相モデル」といって学生同士で交代にモデルになって練習します。放課後も課題の練習をしたりして、クラスメートとともに技術をみがきます。そうして、いくつもの資格検定や国家試験にのぞむのです。

　英語では、美容師のことをビューティシャン、ヘアドレッサー、ヘアスタイリストなどと呼ぶそうです。日本でもヘアスタイリスト、ヘアメイクなどと呼ばれており、美容室以外の場所で活躍している人もいますが、**カットやパーマ、カラーリング、メイクなどによって美を提供するには、美容師の国家資格が必要です。**

　まつ毛パーマやまつエクなどを行う、まつ毛の専門職・アイデザイナーになるにも、美容師の資格を取得しなければなりません。また、結婚式や成人式で、ヘアメイクから着付けまで一人で提供できるのも美容師だからこそ。結婚式などに際して、メイクの一部として電動シェバーで軽く産毛をそる程度であれば、美容師が行ってもさしつかえないことになっていますが、**本格的なシェービング（顔そり）は理容師しかできません。そこは理容師と美容師の大きく違う点です。**

　その歴史から、美容師は長く女性の仕事として定着していましたが、近年は男性の美容師も増え、メンズ専用サロンも人気です。

### 学びのポイント！

- カットやカラーの技術を身につける
- 人の皮膚や毛髪の知識を深める
- 実技の実習は楽しい！

学生にインタビュー！　美容分野の学生①

# 夢の実現に向かって
# 充実した美容学生の日々

日本美容専門学校（にほんびようせんもんがっこう）
専門科　2年生
今井　凛さん（いまい　りん）

ワインディングの技術もピカイチ。2024年度NBユーゲントコンテストのワインディング部門では審査員特別賞を受賞。

取材先提供（以下同）

 **カットの体験が進路を決めた**

　保育園に通っていたときからメイクに興味がありました。キッズ用のメイクセットをプレゼントされてからは、1歳（さい）年下の妹にメイクをしてあげたり、ヘアアレンジをしたり、マニュキュアを塗（ぬ）ってあげたりしていました。仕事にしたいとまでは思っていなかったのですが、高校生になって進路を考え始めたとき、やはり美容の仕事が頭に浮（う）かびました。

　私は人と話すことも好きだし、英語も得意なほうだったので、空港のグランドスタッフにも興味をもっていました。なので、美容の専門学校と、空港業務の専門学校のオープンキャンパスに行ってみることにしました。まず、地元の群馬県（ぐんまけん）にある美容専門学校のオープンキャンパスへ行き、つぎに東京都（とうきょうと）・高田馬場（たかだのばば）にある日本美容専門学校へ。

　すると1校目とは、学校の雰囲気（ふんいき）がまるで違（ちが）っていました。学生がみんな個性的で、楽しそうだったのです。先生方は温かく迎（むか）えてくれて、その話しぶりから美容に対する熱意や、学生に対する思いが伝わってきて、「この環境（かんきょう）で学んだら、きっと成長できる」と直感しました。そしてカットの体験をしたとき

に、これを仕事にしたい！と強く思いました。結局、空港業務の専門学校のオープンキャンパスには行かずに、日本美容専門学校への進学を決めました。

## さまざまな経験をエンジョイできる学校

　授業で一番楽しいのは、なんといっても実技の授業です。実習はすべて楽しいのですが、とくに好きなのはカットです。

　カットはウィッグで練習するのですが、2年生になると学校に併設されているトレーニング専門のサロンで、実際にお客さまに接する機会があります。その日はどういうスタイルにしたいかをていねいに聞き取り、シャンプー、カット、カラーリングからパーマまで、一連のサロンワークを実習するのです。先生がついてくれるので、お客さまも安心して任せてくれています。場慣れや度胸がつくという意味で、ここでの実践経験があるのとないのとでは大違いだと、卒業生たちは語っているそうです。

　また、日本美容専門学校では希望者を募り、モンゴルかヨーロッパへ海外研修に行きます。今年はモンゴルに行きました。制約があってカットはできなかったのですが、私はモンゴルの孤児院の子どもたちに、ヘアアレンジをしてあげたり、ネイルシールをはってあげたりしました。言葉はぜんぜん通じなくても、三つ編みをしたりピンで飾ったり、ヘアアレンジをして可愛くなった姿を写真に撮って見せてあげると、みんなとても喜んでくれました。

　そのとき、美容師の技術は世界共通で、だれにでも喜んでもらえるすばらしい仕事だとあらためて思いました。私はお客さまの似合うスタイルにすてきに仕上げてあげられて、毎回幸せな気持ちにしてあげられる美容師になりたいと思っています。

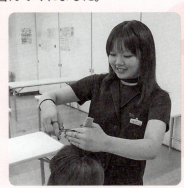
カットの実習は大変だけど楽しいですよ

学生にインタビュー！　美容分野の学生②

# めざしているのは
# メンズのカリスマ美容師

山野美容専門学校（やまのびようせんもんがっこう）
美容科　２年生
牧野和馬（まきのかずま）さん

高校生のときに見た YouTube に刺激を受けて、美容師を志す。カラーの選択（せんたく）授業では自由制作があって楽しかった。将来はメンズ専門のヘアスタイリストとして勝負していきたい。

## 美容師ははじめて興味をもてた仕事

　中学生のころは、髪（かみ）の毛に寝（ね）ぐせがついたままでも平気でいるようなタイプでした。そもそもくせ毛だったのですが、友だちから「セットとかしたほうがいいんじゃない？」などといわれるくらい無頓着（むとんちゃく）でした（笑）。

　高校に進学するときは、とくにやりたいこともなく、大学に進学するなら、とりあえず理系に進んでおこうという感じで、理系のコースへ。

　それが高校2年生になりたてのころ、くせ毛をどうにかしたいなと思い、アイロンを使って自分でヘアセットをしてみようかと考えました。YouTube で調べ始めたとき、ヘアサロン OCEAN TOKYO（オーシャン トーキョウ）のトップスタイリストである三科光平（しなこうへい）さんの動画に目がとまりました。その動画を見（み）て、すごくかっこいいなと思いました。

　そこから美容師について調べるようになり、僕（ぼく）も美容師になろうかなと思い始めたのです。自分がはじめて興味をもてたのが美容師だったのです。

　美容師になれたら、OCEAN TOKYO に就職したいと思いました。そこで、いろいろな美容専門学校の就職先を調べていたら、知り合いから「人気のある

24

サロンへの就職率が高いのは、やはり東京の専門学校なのではないか」と聞かされました。進学先の候補はいろいろありましたが、僕の中で知名度が高かったのは山野美容専門学校だったし、三科光平さんが卒業した学校でもあるため、山野美容専門学校に決めました。

もちろんオープンキャンパスにも足を運びました。学校の雰囲気は明るく、説明してくれた先輩も感じがよかったです。そこではじめてカットやカラーの体験をしたのですが、それがすごく楽しかったのを覚えています。

## 想定外の授業も多かった

入学してみると、授業は想像していたものと違うことがたくさんありました。美容師になるための勉強というと、僕のイメージではカットとカラーリングがメインでした。ところが、国家試験向けにワインディングを重点的に練習したり、メイクや着付けなども学びます。そのほか茶道や華道など、僕にとっては思いもよらない授業がありました。それぞれの授業には判定試験があるし、とにかく欠席は許されません。

また、座学は美容に関係する法律や制度、人体の構造やその働き、化粧品からパーマ用の薬品にかかわる化学のような授業など、自分には難しいものばかり。苦手な授業のほうが多いけれど、なんとかやってきました。

僕がめざしているのは、メンズのカリスマ美容師です。男性の髪はカットやセットで大胆にスタイルを変えることができます。かっこよくしたいという思いがあるので、だんぜんメンズ志望です。就職先は目標としていたOCEAN TOKYOではありませんが、メンズサロンに内定しています。今は国家試験に合格したいです。

基礎から応用までテクニックをみがきます

## Question
## 理容分野の学科で学ぶこととは？

### 理容師になるために

　**理容分野の専門学校には、理容科、理容学科などの学科があります。**理容師の国家資格の取得をめざして、ほとんどの学校で昼間部あるいは夜間部で２年間、通信課程では３年間学びます。

　では、具体的にどんなことを学ぶのか見てみましょう。昼間部・夜間部では全国の理容学校共通の必修科目と選択科目を学びます。必修科目では、美容専門学校の学びと同様に、**関係法規・制度や衛生管理は必須です。理容師にかかわる法律や制度、公衆衛生や感染症などの基礎的な知識を学びます。**厚生労働大臣の許可を得てはじめて仕事ができる国家資格の社会的責任を実感します。

　また、皮膚や毛髪などについて技術を提供するうえで不可欠な知識や、人体のさまざまな構造と機能を学びます。そして、基本的な化粧品からヘアケア剤、パーマなどで使用する薬品の性質や正しい取り扱い方を習得します。さらに、理容とヘア・ファッションの歴史から、接客法や経営管理、マーケティングやマネジメントの基本についても学びます。

　こうした必修科目のほか、選択科目ではエステティック、ビューティーメイクアップ、ネイルアート、着付け＆ヘアメイク、色彩学、栄養学、トレンド学、ヘッドスパ＆トリートメント、英会話、接客マナーなど、学校ごとに特色を活かした科目を設定しています。理容専門学校では、美容師の業務との垣根が低くなりつつあることから、実際のサロンのニーズに応じたフェイシャルトリートメントやネイルケア、メイクなどの技術を総合的に習得できるカリキュラムや、着付けなどの美容技術を学ぶことができる学校もあります。

また、美容師・理容師どちらか一方の免許を取得していれば、もう一方の免許が取得しやすくなるように法律が改正されました。今までと比べて、ダブルライセンスが取りやすくなったのです。そのため理容科でも、美容師の国家試験に出題されるまつ毛エクステンションを、選択科目に取り入れた学校もあります。

## ならではの強みを活かす

理容の専門学校では、ヘアカッティングとシェービング、フェイシャルトリートメント、シャンプー、マッサージ、カラーリング、パーマなどの知識をベースとして、さまざまな技術を習得していきます。美容学生と同じようにほとんどの理容学生が、「実技実習の授業は楽しい！」と言います。

ワインディングやカラーリングなどの実技実習は「ウィッグ」と呼ばれる練習用のマネキンを使って行います。フェイシャルトリートメント、ネイルケアなどは、学生どうしの「相モデル」で練習します。**慣れてくるとカットや、理容師ならではの技術であるシェービングも相モデルで行います。ミリ単位で刈り上げるテクニックは理容師の腕の見せどころです。**メンズスタイルに必須の刈り上げテクニックを身につけるために、反復と継続的な練習にはげみます。

シェービングについては、電動シェーバーで産毛を剃る程度であれば、美容師がしてもさしつかえないとされていますが、本格的なシェービング（顔そり）は理容師しか提供できない技術です。さらに、2016年に女性の顔そりに特化した知識や技能を審査する「美剃師検定」が誕生し、すでに活躍している理容師や理容師をめざす女子に注目されているようです。

ブライダルシェービング、リンパセラピー、クレンジングマッサージを学べる理容学校もあり、それらを習得することで、女性客に喜ばれるメニューを提供できるかもしれません。

> **学びのポイント！**
> - シェービングは理容師ならでは！
> - 刈り上げテクが身につく
> - 女性の顔そりに特化する資格取得も

学生にインタビュー！　理容分野の学生①

# 両親に教えてもらいながら
# 練習にはげむ日々

国際文化理容美容専門学校国分寺校

理容科　1年生

## 石渡 禅さん

実家は創業123年、明治時代から続く伝統のある理髪店。両親とも現役の理容師だ。見るのとやるのとでは大違いだと実感。たまに家で教えてもらえるのでありがたいと思っている。

### 両親の母校に学校推薦で

　親の仕事は小さいころからずっと見てきて、かっこいいなと思っていました。しかし、僕は車が好きだったので、大人になったら車に関係する仕事がしたいな、と思っていました。

　高校に進学して少し経ったころから、職業のことなどを本格的に考えることが多くなり、両親がしている店を継ぐ、継がないではなく、僕も理容師の道に進もうと思うようになりました。進路について、親からは何も言われませんでした。ただ2人とも国際文化理容美容専門学校の出身なので、「いい学校だよ」と聞かされていて、学校選びは一択。高校の指定校推薦で進学しました。

　理容科は一学年1クラスで人数は35人くらい。女子は3分の1といったところです。通学は自宅から30〜40分ほど。授業の開始が9時55分なので余裕をもって通っています。アルバイトは週に3日程度。サロンで働きたいのですが見つからず、今のところコンビニエンスストアでアルバイトをしています。

　道具の使い方ははじめに学びます。家で親が使っているのは見ていましたが、ちゃんと教えてもらっていたわけではないので、やはり新鮮でした。授業でき

ついなと思ったことはないのですが、1年生の1学期の実技試験だったワインディングは髪に全然ペーパーを巻きこめなかったし、「なんだ、これ！」という感じでした。親は簡単そうにやっているので、すぐにできると思ったのですが、やってみたらまったくうまくいきません。そのギャップに驚きました。

## 家を継ぐには修業が必要

2学期になってカットの実習が多くなってきました。とくにハサミで刈り上げる実習は楽しいです。下手くそなので親に教えてもらうのですが、カットラインはまだガタガタ。親や先生が仕上げるきれいなカットラインを見て、僕も早くそうなりたいと思います。3学期になると、アイロンでのパーマの実習が始まるようです。

座学では、人体の構造を学ぶ保健や理容師法などの関係法規、トリートメントやシャンプーなど香粧品の成分とか、なぜ髪の毛が染まるのか、どうしてパーマがかかるのかなど、化学的なメカニズムを学んでいます。

理容師の免許が取れても、すぐには実家の店には入らないと思います。家族への甘えが出てきてしまうので、まずは外の厳しい世界で修業して、独り立ちができるようになったら、家を継ぐことを考えてもいいかなと思っています。

どこで働くにしても、自分の意思をしっかりもった理容師になりたいです。素直でありながら自分の軸をちゃんともっている理容師でありたい。理容師は自分がかっこよく決められればいいというものではなく、お客さまを主体に考えることが大事だと思います。いかにお客さまに「ここに来てよかった」「ここで切ってもらってよかった」と思って帰ってもらえるか。その姿勢は大切にしていきたいです。

きれいなカットラインをめざして練習中　　取材先提供

学生にインタビュー！　理容分野の学生②

# 1年以内にスタイリスト<br>デビューをするのが目標

国際理容美容専門学校
理容科　1年生
**門林　藍さん**

理容科を選んだのは、理容のカット技法にあこがれたから。オープンキャンパスの広報委員を務めている。来校した高校生たちの前で、ハサミで刈り上げる技術を披露することもある。

## 職業体験で方向転換をすることに

　もともと美容師になりたいと思っていたのですが、高校2年生の夏に行った3日間の職場体験で、学校がたまたま理容店を紹介してくれました。その店に私と同じ年の人が働いていて、「どんなことをやりたいの？」と聞かれたのですが、私はきちんと答えることができませんでした。

　あらためてよく考えてみると、ドレスアップするような美容業界の華やかさより、素材から整える理容の技術にひかれている自分がいました。

　当初は美容師になってサロン経営をしたいと思っていたため、経営を学ぶ大学と美容の専門学校で、進学を迷っていました。

　美容より理容の技術を身につけたいと思うようになってからは、さまざまな角度から学校を見るようになりました。国際理容美容専門学校は理容・美容両方の学科があり、理容科でも女子が多いことも魅力でした。また、自宅からはとても通いやすく、オープンキャンパスでは先生方が優しく熱心だったことも印象的です。そして人間性を育てる「躾教育」という学校理念にもひかれ、国際理容美容専門学校に進学を決めました。

1年生の授業ではワインディングのほか、カットの授業も始まっています。理容師の国家試験の実技課題にワインディングはないのですが、就職してから必要になるということで、試験になくても技術を身につけるのです。カットは髪を引き出してすべて同じ長さにカットするセイムレイヤーと、前から後ろまでを一直線上にまっすぐ切りそろえるワンレングスも練習しています。

## 将来は理容サロンを経営したい

　通常の授業科目とは別にコース別授業があり、リラクゼーションコースとスタイリストコースの2つのうちどちらかを選択できます。リラクゼーションコースはエステティックにウエイトを置いたコースで、女子しか選択できないコースです。

　私はスタイリストコースを選択していて、「HSAグランドフェスティバル」という校外で行われる大規模なコンテストに向けて、先生に教わりながらウィッグ制作をしています。授業では、カット実技が一番楽しいです。

　また、サロン見学やサロン実習など現場実践もあります。学校でサロン一覧を提示してくれるので、そのなかから自分で選んでアポイントメント（面会の予約）を取り、複数店舗サロンを見学したり、実際にお手伝いをしたりします。

　ひと口に理容店と言ってもとても幅が広く、メンズオンリーのサロンもあれば、レディースシェービングのみのサロンもあり、営業時間もさまざまです。多種多様なサロンを見学でき、とても勉強になりました。私は将来、男女を問わず、幅広く技術を活かせるサロンで働きたいと考えています。早々にスタイリストデビューを果たして修業を積んだら、独立してサロンを経営したいと思っています。

理容サロンの経営をめざして日々奮闘中　　取材先提供

## Question

## メイク分野の学科で学ぶこととは？

### ヘアメイクアーティストになるために

　**メイク分野が学べる学科には、美容科、美容総合科、総合美容科、ヘアメイク科、ビューティアーティスト科などがあります。**学科名が美容科や美容総合科などの学校では、2年生でヘアメイクコースやメイクアップテクニカルコースなどのコースに分かれて、実践的なメイクの技術を学ぶことが多いです。

　美容室で成人式などのヘアメイクをしたり、結婚式場や映画・テレビドラマの撮影現場、舞台やショーなどでヘアメイクを行うヘアメイクアーティストやメイクアップアーティストになるには、どんな資格が必要だと思いますか？　メイクやヘアセットをするだけなので、美容師免許は必要ないと思っている人も多いのではないでしょうか。

　カットはせずともヘアセットやスタイリングをすること、また、お客さまの顔にふれてメイクをすることは、美容師法で定められている「容姿を美しくするための施術（美容行為）」にあたるため、**メイクしかしないメイクアップアーティストでも、原則美容師免許がなくてはできないことになっています。**

　デパートや化粧品専門店の店頭でお客さまにメイクを行っている美容部員（ビューティーアドバイザーなど）は、化粧品を販売するためのお試し用のメイクなので美容行為にあたらず、免許がなくてもできますが、ヘアメイクアーティストになるには、美容師の国家資格を取得できる専門学校で学ぶ必要があります。

　美容分野で紹介したように、美容師の国家資格を取得するためには、美容師にかかわる法律や制度、公衆衛生や感染症の基礎、人体の構造や香粧品化

学、美容とヘアケア、ファッションの歴史、サロン経営の基本まで学びます。実習にも決められた時間を割き、確実にスキルを身につけていきます。

## 美容師免許と専門資格が強み

　**美容師の国家試験の勉強と並行して、ナチュラルメイク、ファッションメイク、ブライダルメイク、和装メイクなどさまざまなシーンに合わせたメイク技術を基礎から学びます。** さらに、病気やケガなどが原因の傷を目立たなくするカバーメイク（メディカルメイク）や、映画やドラマ、演劇などで必要とされる特殊メイクの技術も身につける学校もあります。

　また、プロのヘアメイクアーティストといっしょに、テレビドラマやコマーシャル、雑誌の撮影場所やファッションショー、映画の収録現場に行き、現場実習を行うこともあります。

　学生は口をそろえて、「授業の魅力は多彩な実習が数多くあること」と言います。スチール撮影実習では、写真撮影用のメイクやランウェイ（ファッションショーでデモンストレーションを行う舞台）メイクを学び、女優や絵画をイメージした自分のメイク作品を撮影する授業もあって、盛り上がるそうです。

　座学と実習で充実した学生生活ですが、そのうえ JBMA メイクアップ検定、JMA 日本メイクアップ技術検定、JMAN メイクアップ技術検定、日本化粧品検定など、**メイクに関する資格検定に挑戦するケースも多く、忙しい2年間を過ごします。** 資格検定の勉強は実力がつくだけでなく、美容師免許とメイクの専門資格の取得は就職にも大変有利なため、多くの学生が取得します。

　メイク分野の仕事は、一般の美容室からフォトウエディングを含む結婚式場、雑誌やテレビ、ファッションショーなどの現場にいたるまで活躍の場が広いうえ、福祉や医療分野にも貢献することができる仕事です。

> **学びのポイント！**
> - メイクのみでも美容師免許が必要
> - メイク技術を基礎から学ぶ
> - 医療分野でも活躍！

学生にインタビュー！　メイク分野の学生

# ヘアメイクの技術を
# 学ぶなら専門学校で

国際理容美容専門学校
ビューティアーティスト科　1年生
**大竹優愛さん**
（おおたけゆあ）

フォトウエディングの仕事をしている卒業生から、自分のチームに入らないかと誘われ、卒業後の進路を迷っている。いずれにしても仕事をしながら、美容師の免許取得をめざす。

 ブライダルのヘアメイクを担当したい

　中学生のときに、ウエディングプランナーが鍵をにぎる『8年越しの花嫁』という実話の小説を読んで、ブライダルの仕事にかかわりたいと思うようになりました。ヘアメイクにずっと興味をもっていたので、高校で進路を考えたときは、ブライダル専門のヘアメイクアーティストになることが目標になりました。大学への進学も考えたのですが、技術を身につける早道として、専門学校を選びました。

　何校かオープンキャンパスに行ったなかで、国際理容美容専門学校では先輩が優しく接してくれ、先生と学生の距離が近いことがとても印象に残りました。「躾教育」という教育理念や、ビューティアーティスト科でさまざまな資格を取得できるということを知り、就職に有利だと思って決めました。

　1年生の授業では、ヘアセット、メイク、ネイルを主に学んでいます。定期テストはヘアセットとメイクでした。ヘアセットはリーゼントを作り、メイクはスタンダードのメイクがテストの課題でした。ネイルの実技試験はネイル検定3級の技術が合格基準でした。

授業で楽しいのは、月1回程度あるフォトコンテストのために、相モデルや3人一組のチームで、アイデアを共有しながらヘアメイクをすることです。仲間と作り上げた作品の写真を見ると毎回達成感があり、よりいっそうモチベーションが高まります。

## 3年目に美容師の国家試験に挑戦

将来は、フォトウエディングを専門にしている事務所で働くか、ブライダルサロンで働くか迷っています。ブライダル関係の就職先は、美容師免許をもっていることを条件にしていることが多いので、美容師の国家資格は取得するつもりです。

ビューティアーティスト科では、色彩検定やネイリスト技能検定、ジェルネイル技能検定、化粧品検定、接客心理検定など、本当にたくさん資格検定の勉強をします。また、ビューティアーティスト科では、2年で卒業して就職し、仕事をしながら、月1回程度学校で技術確認を行っています。在学中、いろいろな資格を取得した最後の集大成として、美容師資格の合格に向けてがんばりたいです。

私は入学直後から、美容室で土日にアルバイトをしています。このサロンでは最近ヘアメイクも始めたため、編みおろしなどヘアアレンジをしにくるお客さまもいて、とても勉強になります。

つぎの学外実習でブライダルサロンの仕事を経験し、就職決定につなげていきたいと思っています。そして、ヘアメイクの修業を積んだら、いずれ起業したいとも考えているので、日々努力していきたいと思います。

メイクをきわめてブライダルで活躍したいです　　取材先提供

35

## Question

# ネイル分野の学科で学ぶこととは？

### 高度な技術を身につける道

　ネイリストになるには美容専門学校の美容科、美容総合科、総合美容科、ビューティアーティスト科、トータルビューティー科などの学科に進学します。昼間部や夜間部でヘアメイクやエステティックなど、美容に関する知識や技術を総合的に学びながら、各校に設けられたネイルの専攻コースで学び、プロのネイリストをめざします。

　ネイリストには取得を義務づけられた資格はなく、学歴も問われません。しかし、光によって固まるジェルや専用の溶剤を使って人工爪を作り、小さな爪に細かいデザインをほどこすため、先生の指導のもとで練習をくり返し、技術をみがくことが必要です。数ミリのずれやゆがみで、爪のデザイン全体のバランスが崩れてしまうため、ある程度の器用さと高い集中力も欠かせません。

　また、直接人の手や指にふれるネイリストには、衛生管理や取り扱う合成樹脂、接着剤、塗料などの特性や成分知識、さらに接客マナーやコミュニケーション能力なども不可欠です。こうしたことを身につけたネイリストの仕事の場は広く、ネイルサロンだけでなく、美容室やエステティックサロン、ネイルスクールのほか、フリーランスとしても活躍しています。

　カリキュラムは学科によって多少異なります。美容師の国家資格を取得できる美容科、美容総合科では、座学で美容師にかかわる法律や制度、公衆衛生や感染症の基礎、人体の構造や香粧品化学、美容とヘアケア、ファッションの歴史、接客を含むサロン経営の基本まで幅広く学びます。実技実習ではパーマやカット、カラーリングなど国家試験に出題される技術のほか、メイク、ネイ

ル、エステティックなどの基本的な技術を学び、2年生でネイル専攻コースを選択するケースが多いようです。

### ネイルスキルを高めるために

　ネイルやメイク、エステティックなどのプロをめざして2年間学び、卒業後1年間、美容師の国家試験対策の授業を受けて、免許取得をめざすというカリキュラムを組んでいる学校もあります。在学中の2年間は通信制の形で、美容師の国家試験に向けた指導を受けます。

　一方で、美容師免許を取得するための授業はなく、美容に関するすべての知識を習得したうえで、メイク、ネイル、エステティックなど自分の好きな専門分野をきわめるために、各分野の上位資格の取得に向けた授業を設けて、その道のスペシャリストを養成している学校もあります。

　いずれにしても、プロのネイリストとして活躍するために、ネイル専攻コースの座学では、美容概論や美容技術理論、解剖生理学や皮膚生理学などの基礎理論のほか、サロンワークのノウハウも学びます。**技術ではハンドマッサージや甘皮（爪の根もとの薄皮）を処理して爪の表面をみがくといったネイルケア、電動ネイルマシンの使い方から、ジェル、スカルプチュア（つけ爪の一種）、3Dアートまで、ネイルサロンで必要となる高度な技術を身につけます。**

　在学中に取得できるネイルの資格検定には、日本ネイリスト検定試験センター主催のJNECネイリスト技能検定や、日本ネイリスト協会のJNAジェルネイル技能検定があり、これらの上位資格を取得することで活躍の場を広げているネイリストはたくさんいます。日本ネイリスト協会のJNA本部認定校・JNA認定校では、学内でジェルネイル技能検定や衛生管理士講習会などを受けられるメリットがあるので、学校を選択するときの目安にしてもいいでしょう。

> **学びのポイント！**
> - 義務づけられた資格はない
> - 学校によって美容学科の中のコース制のところもあれば、専攻が設けられている場合も

学生にインタビュー！　ネイル分野の学生

# ネイルの上位資格を
# きちんと取得していきたい

取材先提供（以下同）

東京美容専門学校
美容総合科　1年生
**薗田彩希**さん

ネイルの練習は基本的に相モデルで。セルフネイルでは気づかなかった発見があり、勉強になる。基礎的なケアから基本動作をいかにシンプルにきれいに見せるかも大事にしている。

 **自分の手を好きになれるように**

　小学生のときから爪をかむクセがあったので、いつも爪が短くて、手にコンプレックスがありました。指が細くて長い人にずっとあこがれていました。

　高校は通信制で、自由におしゃれができたので、セルフネイル（ネイルサロンに行かずに自分でネイルアートをすること）をしてみました。すると、それをほめてもらえたり、爪だけじゃなく「手もきれいだね」と言ってもらえることがありました。

　それがうれしくて、人にネイルケアをしてあげることで、その人のコンプレックスがなくなったり、その人が自分の手を好きになれるのなら、そんなお手伝いがしたいなと思うように。高校卒業後の進路を決めるときに、やはり一番身近に思えたのがネイルだったので、ネイリストをめざすことにしたのです。

　専門学校を決めるにあたっては、美容師の国家資格を取得できることと、ネイルの資格を取得できることを重視して探しました。東京美容専門学校の授業を見学させてもらったのですが、少人数制ということもあってか、和気あいあいとしていて、アットホームでまとまりがある感じが印象に残りました。オー

プンキャンパスには4、5校行きましたが、東京美容専門学校が一番私に合っているなと思いました。

## 基礎(きそ)を学べることがうれしい

　東京美容専門学校には美容総合科の中に、ヘアスタイリストコース、トータルビューティーコース、ヘアメイクコースの3つのコースがあります。私が選んだトータルビューティーコースでは、美容師のほかにビューティーアドバイザーやヘアメイクアップアーティスト、ブライダルスタイリスト、アイデザイナー、ネイリスト、エステティシャンなどになるための勉強ができます。

　1年生ではまずワインディングを学びました。オープンキャンパスのときにヘアアレンジを体験させてもらったのですが、ウィッグにふれることもはじめてで、そのときは「国家試験まで先が長いなあ」と思いました。でも、新しいことを学ぶのは楽しいです。隣(となり)の席の人と相モデルを組むので、あまり親しくしていなかった人とも話すようになり、「こんな人だったんだ」と思うような新たな発見もあって、ワクワクします。

　ワインディングもネイルケアも、資格を取れるのかなと不安になりましたが、先生からは「指導されたことを確実にマスターしていけば、おのずと技術が身につくようになっているから、だいじょうぶよ」と言われました。

　高校生のときにセルフネイルはしていましたが、甘皮(あまかわ)の処理や爪(つめ)の形や削(けず)り方といった基礎的(きそてき)なことはわかっていませんでした。インターネットでかわいいデザインを目にしても、見ただけでは塗(ぬ)り方はわかりません。今はきちんとした基礎(きそ)を学べ、それを休日に自分でやってみるとすごくきれいにできるのでうれしいです。

相モデルでクラスメートのネイルを手がけます

## Question

# エステティック分野の学科で学ぶこととは？

### フェイシャル&ボディケアのエキスパートに

　**エステティック分野の専門学校には、エステティック科、総合美容科、トータルビューティー科などの学科があり、昼間部あるいは夜間部で2年間学びます。**めざすのはエステティシャン、ビューティーセラピスト、アロマセラピスト、リフレクソロジスト、インターナショナルエステティシャンといったエステティック分野のエキスパートです。

　美容科、理容科でも通常の授業の中で、エステティックの資格を取得するための技術や知識を学ぶことができます。しかし、エステティック関連の授業の選択肢やチャレンジできる資格の種類は、やはりエステティックに特化したカリキュラムを設けている学科のほうが豊富なのではないかと思います。

　具体的には、1年生から座学で関連法規や衛生管理、救急法をはじめ、エステティック概論やカウンセリング概論、美容技術理論などを学んで、エステティックの全体像を理解します。

　また、看護学校では必須の科目である解剖生理学のほか、皮膚科学、栄養学、運動生理学なども学びます。**エステティシャンは顔だけでなく、全身部分にマッサージやトリートメントを行います。美容師・理容師より直接ふれる体の部位が広範にわたるため、生理学など人体の構造や機能についての知識が不可欠なのです。**そのほかエステティック機器学、サロン経営学、ビジネスマナーなど、サロンワークに必要な知識を身につけます。

　エステティシャンが提供する代表的な技術は、フェイシャル（顔）ケア、ボディ（全身）ケアと脱毛といわれています。実技実習では、さまざまな肌質や

体に対応できる技術を身につけ、いろいろなエステティック機器の使い方など、幅広く専門的な技術を学びます。

## 取得しておきたい認定資格

　たいてい1年生で基礎的な技術を身につけ、2年生で角質除去やワックス脱毛、肌タイプ別パック、リンパマッサージなどを含め、より高度な技術を学びます。またスチーマー吸引、ブラシクレンジング、エレクトロクレンジング、イオン導入、低周波などのエステティック機器を使った実習も行います。

　**エステティシャンの重要な仕事のひとつがカウンセリングです。**サロンはまずカウンセリングから始まります。お客さまとの信頼関係を築く第一歩がカウンセリングだと言ってもいいでしょう。そのため授業では、肌診断やトリートメントプランの作成の仕方、何をするのかの説明の仕方などをくり返し練習するカウンセリング実習を行い、コミュニケーション能力もみがきます。学校によっては、設備や資材が整った専用のトレーニングルームや併設している本格的なサロンに、実際にお客さまを招いて、サロンワークを体験する授業を行っています。そのほか選択科目としてカラーコーディネート、アロマテラピー、ヨガ、ネイルアート、メイクアップ、着付けなどがあります。

　エステティシャンには国家資格はありませんが、取得しておくと有利な認定資格があります。国内で知られている主な認定エステティシャンには、日本エステティック協会のAJESTHE認定エステティシャンと日本エステティック業協会のAEA認定エステティシャンがあります。それぞれの協会で資格取得をめざせる認定校を指定しています。

　世界で通用するCIDESCOの資格も、認定校で受験資格を取得することができます。志望の専門学校がどの資格の認定校か、あらかじめ調べておきましょう。

### 学びのポイント！
- 解剖生理学、皮膚科学、栄養学、運動生理学を学ぶ
- テクニックに加えてカウンセリング技術も重要

**学生にインタビュー！**　エステティック分野の学生

# クライアント実習で
# さまざまな肌質へのエステを経験

取材先提供（以下同）

東京ビューティーアート専門学校
エステティック科　2年生
**寺地由莉音さん**

AEA および AJESTHE 認定上級エステティシャン資格を取得。学校の企業説明会で気になる1社を見つけてサロンを見学。メニュー内容も納得したそのサロンに就職が内定している。

 ## 肌で悩む気持ちがわかるから

　高校生のころはとくに将来の夢がなくて、自分は何が好きなんだろうと考えました。中学生のときから K-POP が好きだったので、韓国のスキンケアやメイクなどの美容にも興味がありました。「そうだ、仕事にするなら好きな美容の仕事がいい」。そう思って美容の仕事を調べ始めました。

　そのなかでエステティックをめざしたのは、私にはエステティックが身近だったからです。私は肌がけっこう荒れやすくて、摩擦などですぐにニキビができてしまったり、鼻の毛穴の黒ずみなども気になっていました。そんな悩みからエステティックサロンに通っていたのです。いろいろな学校のオープンキャンパスに行ったときも、エステティックを体験してみました。やはり一番やりたい分野だなと思いましたし、同じ悩みをもっている人の気持ちが理解できます。共感したうえで肌のケアをしてあげられるという点で、私に合っているのではないかと思いました。

　東京ビューティーアート専門学校のオープンキャンパスで驚いたのは、運営している学生さんがとにかくフレンドリーで、来た人が喜ぶ接客を大切にし

ていたことでした。高校生のころはかなり人見知りで、人としゃべれなかったらどうしようと思っていたのですが、この学校なら知らない人に対しても、ちゃんと接客ができるようになれそうだと思いました。

　また、取得できる資格が充実していて、エステティック科でも学生が取れる上限のレベルの資格まで、在学中に取得することができそうでした。日本エステティック業協会や、海外でも通用するCIDESCOなどの上位資格を取りたいと思っていたので、この学校のエステティック科に進学することを決めました。

## 力がつくクライアント実習

　エステティック科は1クラス40人くらい。授業では座学と実習でエステティックの基礎的な知識と技術を学びます。また、自分で筋トレなどの運動をして体型を保ち、お客さまにどうアドバイスしたら健康的な体を維持できるかといったことを、身をもって体験するボディメイキングという授業があったり、アロマテラピーやネイルの授業もあります。

　2年生になると検定試験が難しくなってくるので、勉強も大変です。さらにクライアント実習といって、実際にお客さまを学校に呼んで、学生が対応するという授業もありました。お客さまのお出迎えから肌のカウンセリングと実技。その後、家で行うケアのアドバイスを終えると会計をしてお見送りします。店長やアシスタントなどの役回りも経験し、サロンでの業務の流れだけでなく経営も学べるので、実践力が養えます。

　クライアント実習でお客さまに喜んでもらえたり、エステの効果が目に見えてわかるとモチベーションがあがります。自分の悩みを改善したように、お客さまに喜ばれるフェイシャル技術をきわめたいです。

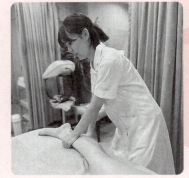
実際のお客さまに対応する授業もあります

## Question
## ブライダル分野の学科で学ぶこととは？

### 新たな門出に花を添える仕事

　ブライダルの美容について学ぶ専門学校には、美容科、美容総合科、総合美容科、ヘアメイク科、ビューティアーティスト科などがあります。めざすのは、結婚式という晴れ舞台を支える美のプロフェッショナル。ブライダルヘアメイクアーティストやブライダルスタイリスト、ブライダリストなどの呼び方があります。主役である新郎新婦のヘアスタイルや衣装を決め、花嫁の魅力を最大限に引き出すメイクをほどこし、結婚式のリハーサルから当日のアテンド（付き添ってサポート）まで担当します。

　結婚式は新たな人生を迎える特別な日。結婚式で求められるヘアメイクは一般のメイクとは異なり、衣装も純白のドレスからカラードレスまで好みはそれぞれです。お色直しで和装を選ぶケースもあるため、さまざまな衣装に合わせたヘアメイクのスキルが必要です。

　当日のスケジュールは分刻みで進行しますが、寿ぎの日に失敗は許されません。限られた時間の中で手際よく的確なヘアメイクを仕上げ、満足のいくサービスを提供するには、ブライダルに特化した専門知識や技術が不可欠です。そのために、美容科をはじめとする学科に設けられているブライダルの専攻コースなどで学ぶのです。

　ブライダルヘアメイクアーティストをめざすなら、美容師の免許は必須です。ブライダル関連では、美容師免許を求める企業やサロンが少なくありません。そのため、美容師の国家資格を取得できる専門学校で学ぶ必要があります。

　美容師の国家資格を取得するためには、美容師にかかわる法律や制度、公衆

衛生や感染症の基礎、人体の構造や香粧品化学、美容とヘアケア、ファッションの歴史、サロン経営の基本まで幅広く、深く学びます。実習にも決められた時間を割き、パーマやカット、カラーリングのスキルを身につけていきます

## ブライダルに特化した学び

　ある学校では、1年生で美容全般の基礎と国家試験の課題技術を学び、2年生でブライダルのコースを選択すると、花嫁のヘアメイクやネイル、ドレスのコーディネートの仕方やフィッティング、アテンドに必要な技術を身につけます。また、婚礼の儀式や衣装の歴史、種類、婚礼に関するマナーやルール、接客も学びます。

　花嫁の和装はふだんの和装と身につけるアイテムや名称が違います。高い技術が必要となる花嫁着付けの実習には、プロの着付け師が指導にあたることも。またある学校では、**ヘアメイクの実習でお色直しに対応できるよう、洋装用から和装用へ、ヘアアレンジとメイクを変えていく技術など、実践的な知識が学べます。**

　在学中に学べるブライダルの仕事でプラスになる資格検定には、JMA 日本メイクアップ技術検定、JNEC ネイリスト技能検定、着付け技能検定、花嫁着付け師認定などがあります。学校によっては課外授業として、全日本ブライダル協会認定のブライダルビューティープランナーや日本フォーマル協会認定のフォーマルスペシャリスト検定（ブロンズライセンス）をめざす授業を行っています。この検定はフォーマルウエアの基礎知識を学び、就職活動に役立つ認定試験だといわれています。

　結婚式の当日にヘアメイクやお世話全般に対して、満足してもらえるサービスを提供するには、専門知識と技術のほかに、高いコミュニケーション能力やホスピタリティが求められます。それも頭に入れておきましょう。

> **学びのポイント！**
> - 洋装から和装までのメイクテクを学ぶケースも
> - 美容の基礎からブライダルに特化した技術を身につける

> 学生にインタビュー！　ブライダル分野の学生

# 幸せな空間を間近で感じることができる仕事

山野美容専門学校
美容科　2年生
**齋藤愛菜さん**
幼稚園のときからずっとあこがれていたブライダルの仕事。ブライダルは洋装も和装もあるので覚えることがいっぱい。でも先生方に覚え方を教えていただき、主要な検定にも無事合格。

## 幼いとき出席した結婚式がきっかけに

　ブライダルに興味をもったのは、幼稚園のときに担任の先生が結婚式に招いてくださったのがきっかけです。いつも見ている先生とは違う華やかな姿を見て、子ども心に「私もだれかをこんなふうに素敵な姿にしてあげたいな」と思いました。そして、中高を通じてずっとブライダルのことを専門的に学びたいと思っていました。

　美容の専門学校のなかで山野美容専門学校を選んだのは、選択制のカリキュラムが豊富で、ブライダルの知識と技術が学べるだけでなく、ネイルやメイクなどの可能性も広げられそうと思ったから。美容師の国家試験の勉強もするので、美容師の免許ははじめから取ろうと思っていました。

　1年生では、すべての学生がメイクとヘアアレンジ、ネイルとヘアカラーを受講。1年生の後半で専門的にどれがやりたいかを選択し、深く学びます。2年生になると、さらに専攻をしぼって知識と技術を身につけていきます。今はコースが変わりましたが、当時私はブライダルとメイクを選択しました。

　メイクとヘアなら、断然メイクのほうが好きです。1年生のときは主に相モ

デルで練習していたのですが、2年生になってからは、自分の顔を使ってメイクをしていました。プロのメイクアップアーティストの方から、実際に現場で使っているメイクを学ぶこともありました。週2、3日、美容室でアルバイトをしているので、美容師の仕事は間近に見ています。楽しそうだなとは思うのですが、私はやはりメイクの仕事がしたいです。

### 特別な日に特別なスキルを発揮する

　花嫁のメイクは普段のメイクとは違って、ナチュラルな感じに仕上げます。また、眉毛の形やリップラインの黄金比を意識します。黄金比というのは、たとえば眉毛なら眉頭がだいたい目頭から始まって、眉山を黒目の外側で合わせるなど、描き方の比率です。より自然に見せることを大事にし、花嫁の希望も聞きながら、もっとも映えるメイクをしてあげなくてはなりません。

　ブライダル関係の検定には、一般の着付けとは違って特別な技術が必要な花嫁着付けや、結婚式に使う正装を学ぶフォーマルスペシャリスト検定などがあります。花嫁着付けは衣装が重いので、着るモデルも着せる側も大変です。

　就職については、私が行きたいところはもう決まっています。学校のキャリアサポートセンターに相談し、紹介してもらったところをすべて見学した結果、希望の職場が見つかりました。結婚式場を経営していて、その中に入っているサロンです。そこではブライダルスタッフとして式当日のヘアメイクだけでなく、さまざまなサポートを担当します。ブライダルの仕事は幸せな空間を間近に感じられるやりがいのある仕事です。一日も早く一人支度ができるブライダルスタイリストになりたいです。

花嫁さんのメイクとヘアアレンジの練習に力を入れています

47

## Question

## その他の分野の学科で学ぶこととは？

### 一人で何種類もの美容メニューを提供する

　ここで紹介するのは、**美容を総合的かつ実践的に学んで、ヘアケア、メイク、エステティック、ネイルなどの技術の提供を一手に担うトータルビューティシャンをめざすための学科**です。

　美容師・理容師をめざす学科でも、ヘアメイクからエステティック、ネイルなど、美容全般の基本的な技術を学びます。また、ヘアメイクアーティスト、ネイリスト、エステティシャンをめざす学科でも、美容全般の基本的な技術を学ぶため、トータルビューティシャンになることはできます。

　ただ、美容師なら美容室（ヘアサロン）でカット、パーマ、カラーと美容の技術を活かした仕事をメインにし、エステティシャンならエステティックサロンで、フェイシャル＆ボディを中心にお客さまの希望のコースやメニューを提供する場合がほとんどです。もちろん美容室でもまつ毛エクステンションやネイルができるところもありますし、エステティックサロンでもネイルメニューを提供するサロンもあります。

　**トータルビューティシャンが主な就職先として望むトータルビューティーサロンは、エステティックやメイク、ネイルなどのひとつに特化せず、複数の種類の美容サービスを提供するサロン**です。サロンによってメニューは異なりますが、フェイスケア、ボディケア、痩身、脱毛、ヘアケア、メイクアップ、ネイルなどを行っています。リンパマッサージ、オイルマッサージ、アロマテラピー、リフレクソロジーなど、美容のメニューだけでなく、健康維持や疲労回復のためのメニューを取り入れているサロンも少なくないようです。

一人で複数の美容技術を提供するトータルビューティシャンは、すべてのメニューについて、お客さまに満足してもらえるスキルを身につける必要があるうえ、カウンセリングの技術や的確にアドバイスできる力も不可欠です。

## さまざまな美容分野の上位資格をめざす

　**トータルビューティシャン、総合美容家になるには、多彩な美容技術を身につけるための実践的なカリキュラムを組むトータルビューティー科、総合美容科、ビューティアーティスト科といった学科へ進学する人が多いようです。**

　こういった学科では1年次からヘアセット、メイク、ネイル、エステティックの実技実習に時間を費やし、座学では衛生管理や薬剤の知識、美容機器の扱い方などの基本的な知識と応用技術も学びます。学校によってはヨーロッパでも高く評価されているINFA（国際エステティック連盟）プログラムなども学べます。多くの実技実習をこなしながら、必要なジャンルの上位資格を取得するためにたくさんの検定試験にチャレンジするのです。

　トータルビューティシャンになるために必須の資格はありませんが、JMA日本メイクアップ技術検定、JNAジェルネイル技能検定、AJESTHE認定フェイシャルエステティシャン、アロマテラピー検定、ファッション色彩能力検定などの資格は取得しておいて損はありません。

　主な就職先はトータルビューティーサロンだけでなく、エステティックサロンやブライダル関連の施設などがありますが、フリーランスとして働くケースもあります。また、独立してサロンを開業する人もいます。ヘアアレンジやまつ毛エクステンション、本格シェービングの技術も身につけるのなら美容師・理容師の免許を取得する必要があるので、どんなトータルビューティシャンになりたいか、どんなサービスを提供したいかを考えて学校を選びましょう。

> **学びのポイント！**
> - 総合的に美を提供するいろいろな技術を学ぶ
> - ヘアアレンジやまつエク、シェービングを手がけるなら美容師・理容師の資格が必須

学生にインタビュー！　その他の分野の学生

# 資格検定に合格し昨日の自分を超えていく

取材先提供（以下同）

東京ビューティーアート専門学校
トータルビューティー科　2年生
**伊藤綺莫(いとうあやな)さん**

ひとつの場所でさまざまな美容メニューを受けられるのが魅力(みりょく)のトータルビューティーサロン。美容技術全般(ぜんぱん)が好きな自分にはぴったりの職場だと考え、いろいろな技術の勉強中。

 ## 美容全般(ぜんぱん)のスキルを身につけたい

　私は四姉妹の3番目で、小さいころから姉たちの影響(えいきょう)で美容に興味をもち、メイクの方法なども早く知ることができました。母がエステティシャンなので、エステティックにも興味はありましたが、中学生のときにジェルネイルのセットをプレゼントされてからは、ネイルにも興味をもちました。高校時代から今にいたるまで、美容室でアルバイトをしてきたので、美容師の仕事も身近でした。ただ、「私にはちょっと違(ちが)うな」と思っていました。マッサージをすることも好きだったので、ひとつのジャンルにしぼれず、美容全般(ぜんぱん)の技術を学びたいと思ったのです。

　この学校を選んだ理由のひとつは、従妹(いとこ)が卒業生だったこと。従妹(いとこ)がトータルビューティー科のメイクアップコースで学び、フリーランスで仕事をしているのを見て、かっこいいと思っていたのです。また、単独でトータルビューティー科を設置している学校が少なかったことも、選ぶポイントになりました。

　1年生では座学と実技の実習が半々くらいで、さほど勉強が忙(いそが)しくはありませんでした。一番楽しいのはなんといっても実技実習。相モデルでの実習はや

ってあげることが楽しいし、やってもらうときれいになれるのも魅力です。

## トータルビューティーサロンに就職

　2年生になると資格検定が一気に増え、その勉強が大変です。メイク、ネイル、エステティックのほかアロマテラピーや着付け、サービス接遇検定、ダイエット検定、日本化粧品検定など、任意で取れる資格が数多くあり、私はそれをほぼすべて取りたいので、毎月いくつかの資格試験にチャレンジしています。

　先生方は現場経験のあるプロフェッショナルばかりで、業界の現状や実際にあったことなどを話してくれます。そういったお話もまた、勉強になります。座学や実技の授業と検定の勉強、それに飲食店と美容室、父の仕事の手伝いなどアルバイトをかけもちしていると、1週間があっという間に過ぎていきます。学ぶこと、やることが多くて忙しいですが、学生生活は充実しています。

　そんな中で私は、すでに就職したいサロンを見つけました。個人経営のトータルビューティーサロンで、エステティックやネイル、ヘアケアなど、幅広くお客さまのニーズに応えて、アットホームな感じで経営しているようすにひかれました。トータルビューティーサロンで行う技術は国家資格ではないけれど、さまざまな資格を取って勉強した人たちが、美容に対してトータルに提供しています。お客さまにカウンセリングするときに、豊富な知識があったほうが有利だし喜ばれると思い、私もがんばって勉強しているのです。

　めざしているのは、トータルビューティシャン。とりあえず就職先のサロンで働きながらたくさんの知識を学び、最終的には独立してトータルビューティーサロンを経営するのが夢です。さらに経営者として、技術者を育てていきたいと思っています。

たくさんの資格試験の勉強に挑戦しています

## 3章

# 専門学校の
# 学生生活について
# 知りたい！

# 専門学校の学生の一日はどんな感じなの？

 ある美容学生の一日に密着！

　美容学校1年生のAさんは毎朝6時半に起き、朝食と身支度をすませたら家を出ます。9時前に学校に到着。実習着に着替えてホームルームです。朝のあいさつと出欠の確認、そして期末試験についてのお知らせが配られました。
　1、2限目はワインディングの授業。期末試験の実技課題なので、試験と同じ手順を確認して練習を開始。「時間内に終われるかなあ……」と不安です。
　3限目は保健の授業。頭皮や毛髪、肌の健康管理ができる知識を学びます。覚える単語が多いので、いつも「早く頭に入れなくちゃ」とあせっています。
　午前中の授業が終わると、お待ちかねのランチタイム。いつもはお弁当を持参しますが、アルバイト料が入ったばかりなので、通学の途中でお気に入りのサンドイッチを購入。クラスメートとおしゃべりをしながらの昼食です。
　午後は4限目も引き続き保健の授業です。実技実習ではないので、眠くなりそう。5・6限目はシャンプーの授業。市販のシャンプー剤だけでなく、プロ用の洗浄剤やトリートメントの使い方を学び、実技実習は相モデルで行います。実習室のシャンプー台は実際に美容室にあるシャンプー台と同じものです。相モデルのBさんは髪が長いので思うようにできずに、少しへこみました。
　授業が終わるとホームルームを行い、一同「礼！」で一日を締めます。今日はアルバイトがある日。地元の駅近くにある和食屋さんで週3日ほど働いています。バイトがない日は放課後にウィッグを使って技術の練習をすることも……。
　帰宅後はその日の授業の復習をし、スマホで美容関係の動画を見てから午前0時前にはベッドに入りました。

## 美容・理容学校はクラス担任制

簡単に美容学生の一日を紹介しましたが、どんな学生生活を送るのかイメージはできましたか？　思いのほか、盛りだくさんの日常でしたね。

**美容・理容学校は高校のように授業はクラス単位で行い、一クラスずつ担任がいます。** クラス担任は授業に関する相談から進路相談、就職活動の面接練習など、卒業するまで学生の身になって、ていねいに指導しています。

クラスの人数は学校や学科によっても異なりますが、一クラス30人という学校もあれば、50人を超える学校もあります。授業によっては少人数制を採用して十数人で行う実習もあります。クラスの人数が少ない学科の学生は「和気あいあいでみんな仲良し。団結力が強い」と言い、人数が多いと「ライバルもできて、やりがいがある。ショーなどの発表会では、多彩な作品が見られて圧巻」と語っていました。

男女構成については、女子のみの学科もありますが、ほとんどの美容科・理容科は男女共学です。文部科学省が発表した2023年の入学者を見ると、**美容科では女子が圧倒的に多く8割、男子が2割。理容科では女子が約3.5割、男子は約6.5割でした。**

美容師・理容師という職業が成り立つ過程で、美容師は女性の仕事、理容師は男性の仕事として定着していた時代がありました。その時代に比べれば、男

### 美容科・理容科の男女比は？

参考資料：令和5年度「学校基本調査」

女の垣根は低くなりました。性別を超えて、男性の美容師や女性の理容師がなりたい自分の夢をかなえて、美容・理容業界で活躍しています。

### 授業の開始は9〜10時

　学校によって異なりますが、昼間部は午前9〜10時ごろに始まり、16〜17時ごろに終了します。授業は月曜日から金曜日までです。

　10時から始まる学校の学生がこんなことを言っていました。「美容・理容学生は道具が入った大きな荷物を持って移動するので、通勤ラッシュの時間は電車内で邪魔になることもあります。授業の始まりが遅いとラッシュをさけられて、うれしいです」と。たしかにウィッグを持って歩くとなると、けっこう荷物はかさばります。美容・理容学生にはそんな気苦労もあるんですね。

### 50分授業で一日6時限

　登校後はホームルームがありますが、その前に、開放されている実習室で自主練習をしている学生もいます。授業時間はたいてい50分で、午前中に3時限の授業を受け、午後に3時限。10時始まりの学校では午前中4時限、遅めのお昼休みの後、午後に2時限。いずれにしろ一日6時限授業が一般的です。

　**高校のときのように1時限ずつ科目が変わることはあまりありません。**座学ならそれも可能でしょうが、同じ科目の実技実習を1時限で切り上げるということはせず、2時限、あるいは3時限続けて行うことが多いです。

### 各学校に決まった実習着がある

　**通学時の服装は自由ですが、校内では決められた実習着を着用します。**美容師・理容師の国家試験では、身だしなみの清潔さも採点項目なので白衣を着用しますが、校内で着る実習着は、学校によりデザインも色もさまざまです。

お昼休みは、クラスメートとの息抜きの時間です。学生食堂がない学校も少なくありません。お弁当を持参したり、コンビニエンスストアやファストフード店で好きな物を買い、教室でランチタイムを楽しみます。

　ホームルームがあるのも特徴です。学校行事の説明や準備、必要書類や検定試験の結果の配布などがあります。終礼後は教室や廊下の掃除をします。**美容・理容学校では仕事の基本であるあいさつや掃除を、日ごろから習慣づけるよう指導しています。**

　ちなみに夜間部の場合は、月〜土曜日の18〜21時まで授業を行います。土曜日にも授業をし、春休みや夏休みを短く設定することで、昼間部と同じ授業時間を受講し、美容師・理容師の国家試験のためのカリキュラムをこなします。

## 放課後は自習に遊びにアルバイトに

　放課後は学校に残って課題練習をする学生も少なくありません。検定試験の前は苦手なところをくり返し練習します。自習をする場合でも、あらかじめ教員に伝えておけば、作品を見てアドバイスをもらうことができます。

　放課後をみっちり勉強に費やす日もあれば、友だちと遊びに行く日もあります。また、アルバイトに精を出す日もあります。

　どんな職種をめざすにしても、早く一人立ちできるように2年間で技術を身につけ、検定試験も多い美容・理容学生は放課後も有効に使っています。

### 美容科1年次の時間割の例

|   | 月 | 火 | 水 | 木 | 金 | 土 |
|---|---|---|---|---|---|---|
| 1 | ヘアカット | 保健 | メイク | 基礎デッサン | 着付け |   |
| 2 |   |   |   |   |   |   |
| 3 | 英会話 | ヘアカラー | ワインディング | 衛生管理 | マナー |   |
| 4 |   |   |   |   |   |   |
| 5 | 美容文化論 | ネイル | 香粧品化学 | シャンプー | 関係法規・制度 |   |
| 6 |   |   |   |   |   |   |

# 専門学校に入学してから卒業するまで

 ある理容学生の入学から卒業までに密着！

　この年、２年生のＣくんにとっては、就職活動や国家試験に向けた勉強で忙しくなることが目に見えています。新年度が始まると、すぐに合同企業説明会が開かれました。Ｃくんには気になるサロンがありました。

　そのリサーチをしながらも、６月に開催される関東甲信越理容競技大会（学生競技）の練習に打ち込みます。種目は伝統的なカットによるファッション性とデザイン性を備えたスタイルのクラシカルバックバリエーションセット。

　競技会のための練習も国家試験に生きてくると思ってがんばりましたが、残念ながら入賞は逃してしまいました。夏休みまでの目標は、希望のサロンの面接にこぎつけ、内定をもらうこと。クラスメートも就職先を決めています。

　期末の実技試験、筆記試験が終わるころ、うれしい知らせが届きました。希望のサロンから夏休みに入る前に、内定をもらえたのです。入社までにしておくべき練習をサロンに聞いて、それも放課後の練習メニューに加えました。

　これでもう、就職活動に気を使うことなく学校生活を楽しみ、卒業試験と国家試験の合格だけを考えて、毎日学科と実技の復習に専念するのみです。

　そのとおり、秋には運動会と学園祭で、おおいにはじけました。学科・学年を超えて交流を深め、思っていた以上に盛り上がりました。

　冬休みは国家試験に向けて体調管理は万全に！　２月に入るとすぐに国家試験の実技試験があり、３月に入るとすぐに筆記試験です。内定をもらっているのでぜひとも合格したい。３月末の合格発表の前に卒業式があり、仲間と過ごした２年間に別れを告げました。

## 入学と同時に就職活動が始まる？

　専門学校の入学が決まったら、入学準備説明会やオリエンテーションなど、新入生向けの情報をチェックしましょう。ほとんどの学校が３学期制で、夏季、年末年始、春季にそれぞれ２週間から１カ月程度の休みがあります。

　**美容・理容学校では入学したばかりなのに、オリエンテーションでもう就職活動についてのくわしい説明があります。**また、授業が始まるとすぐに、有名サロンのトップスタイリストを講師に迎えた特別授業が行われることも多いので、ここでも美容・理容学生になったことを実感することでしょう。

　５月ごろから、さまざまな美容分野の企業を招いて、合同企業説明会や就職ガイダンスを行う学校が少なくありません。何度となく就職説明会などが開催されるため、美容・理容学生は１年生のときから就職への意識をもち、就職先も比較的早い時期にはっきりさせているそうです。

## １年を通して行われるオープンキャンパスでお手伝いを

　新年度と同時に、高校生に向けた学校説明会や施設見学会などのオープンキャンパスを実施する学校もあり、夏休みにも多くの学校で開催されます。

　通常の授業見学会に始まり、実技体験ができる体験入学会、放課後に行う技術体験型入学相談会、カットやヘアアレンジ、メイクなどのトライアルレッスンなど。キャンパスツアーや実技体験、個別相談は必ず盛り込まれています。

　人気サロンで活躍する卒業生や、学生によるトークとヘアショーなどを実施している学校もあります。**そこでは在校生がスタッフとして活躍しています。**

## コンテストやショーは秋に多い

　スポーツ大会や運動会、学園祭などの学校行事が多いのが秋です。**学園祭は、それまで身につけた技術を披露するファッションショーやビューティーショー**

など、さまざまなメニューで盛り上がる一大イベント。有名な業界人も数多く訪れるので、プロデュースする学生たちも力が入ります。

　また、コンテストやヘアショーなどのイベントも目白押しです。ほとんどの学校で独自の校内のコンテストや競技会を開催していて、ヘアデザインやカット、メイク、ネイルなど数々の部門で技を競い合う学校や、課題作品を校内のスタジオで撮影して、評価し合うフォトコンテストを実施している学校もあります。また、外部の多数のコンテストにも挑戦し、実力をつけていきます。

## 国家試験対策も念入りに

　**12月から年明け1月にかけて、美容師・理容師の国家試験を受ける2年生は、卒業（認定）試験の勉強と並行して、実技課題や筆記試験に向けた復習に時間を割くことになります。** ある学校では2学期から隔週で学科模試を行い、3学期には国家試験のシミュレーションテストを実施しているといいます。国家試験は2月に実技試験、3月には筆記試験が待っています。

　美容・理容学校では学期ごと、あるいは中間と期末に実技と学科試験を行うほか、国家試験をはじめ、たくさんの検定試験や競技会にチャレンジする人が多いので、その勉強や練習に忙しく、1年間はあっという間かもしれません。

## 修学旅行や海外研修旅行がある

　美容・理容の専門学校でも、バス旅行や修学旅行、合宿や海外研修を実施しています。国内の観光地やテーマパークに出かける修学旅行は全員参加ですが、海外研修は希望者に対して、夏休みや冬休みを利用して行っているようです。

　ある学校では例年ヨーロッパ研修旅行、ニューヨーク研修旅行を行っています。**ロンドンやニューヨークのサロンを訪ね、トップクラスのテクニックやサロンワークを見学します。** また、実際に現地モデルのカウンセリング、シャンプー、カット、ヘアセット、エステティックを、講師の指導のもとに行うなど、

現場体験を中心としたオリジナルの研修プランを立てている学校もあります。

## 経験をともにすることの意義

　ヨーロッパ研修旅行とロサンゼルス・ラスベガス研修旅行を実施している学校では、海外研修を希望する学生がどちらかを選んで参加します。現地では、ヘアケア界をリードする世界的なヘアアーティスト、ヴィダル・サスーンのテクニカルチームによるセミナーを受けるなど、美容・理容の学びの要素を盛り込んでいます。

　指導教員は「内容だけなら、国内でセミナーを受けることで十分なのですが、この年代で海外に足を運び、直接自分の目で見て耳で聞く体験を、経験値として残してあげられたらと思っています。この年代で同世代の仲間といっしょにした経験は、かけがえのないものになると思うので」と語っていました。

　どの学校でも同じような思いで、海外での活躍も見据えた指導をしています。海外には行けなくても、学校の外に飛び出して、同じ夢に向かって苦楽を共有する仲間と過ごす時間は、生涯の思い出となることでしょう。

### 入学から卒業まで

**1年生**

| 入学式 | オープンキャンパス | 学園祭・学生ショー | 進級試験 |
| オリエンテーション | 体験入学会 | スクールコンテスト | 就職指導開始 |
| 課外授業開始 | | 修学旅行 | |
| 運動会・スポーツ大会 | | | |

 春　　 夏　　 秋　　 冬

**2年生**

| 就職活動開始 | オープンキャンパス | 外部コンテストに挑戦 | 国家試験 |
| 運動会・スポーツ大会 | 体験入学会 | 学園祭・学生ショー | 卒業 |
| | 海外研修 | スクールコンテスト | |
| | | 国家試験課題 | |

# 専門学校の学生はどんな活動をしているの？

## 部活動は高校ほど多くない

　**美容・理容学校で、部活動やサークル活動を行っている学校はあまり多くありません。**というのも、美容師・理容師をめざす学科は、国家資格を取得するための履修時間が決まっているので、勉強と部活動の両立がなかなか難しいというのが大きな理由のようです。

　その中で、授業の延長線上にあるような活動をしているケースがあります。カット、ワインディング、アイラッシュ、ネイル、着付けなど、それぞれの技術にみがきをかけるため、放課後、顧問の先生に見てもらいながら、自主練のように部活動を行っているのです。活動名はカット部、ワインディング部と施術名をそのままつけた形ですが、週に数回、熱心に練習しています。

## 独創性や表現力が必要なダンス部が人気

　運動部で多いのがダンス部です。ダンス部は学園祭や体育祭、オープンキャンパス、クリスマスイベントなどでパフォーマンスをくり広げ、会場を盛り上げます。活動はやはり週に数回、放課後に行います。勉強をおろそかにすると、部活動を続けられなくなるため、部員はみな努力して、試験ではいい成績を取っているそうです。

　めずらしいところでは、卓球、野球、バレーボール、サッカー、ソフトボールなどのほかフットサルの部活動をしている学校がありました。運動は健康維持に必要ですが、**美容・理容学生は手指を使う技術を習得している最中なの**

で、過激な運動で手指を傷めないように注意しています。

### 来校者の案内役として技術も披露

　一方、**多くの学校で盛んに行われているのが、オープンキャンパスの広報委員活動です。**「キャスト」「OC（オープンキャンパス）リーダー」「広報委員」など呼び方はさまざまですが、担当の在校生がオープンキャンパスのスタッフとして、来校者をもてなすのです。

　具体的にはそれぞれの学科の説明をしたり、校内の施設を案内するだけでなく、高校生の体験レッスンのサポートもします。**オープンキャンパスではほとんどの学校で、実際にカットやヘアアレンジ、カラー、ワインディングなどの実技体験ができるのですが、そのお手本を見せるのもオープンキャンパスのスタッフたち。**

　オープンキャンパス前には接客の練習やルールを学ぶ時間を設けています。在校生としてその学校の魅力を伝え、高校生たちの質問に気軽に答える広報委員は「学校の顔」として活躍しています。

### アルバイトと勉強を両立する日々

　美容・理容学生はかなりの割合でアルバイトをしています。ただ、検定試験やコンテストなどで、放課後に自主練習や勉強が必要になることも多いので、学校が終わった後に週2〜3日、あるいは土日だけなど、限られた時間を有効活用しています。平日は長い時間働けないので、アルバイト先は授業や実習の日程に合わせて、シフトが調整できたり、短時間でも働けるところを選んでいるといいます。

　また、アルバイト先の場所も選ぶ条件のひとつです。美容・理容学生は、ウィッグやハサミなどが入った大きな荷物を持ち歩くことが多いため、できれば自宅や学校から近いアルバイト先を選びたいものです。ある学生は学校帰りに

立ち寄りやすく、通いやすい職場を選んだと話していました。

## 多いのは飲食店のホールスタッフ

　職種としてもっとも多いのが飲食店です。飲食店はシフトの調整がしやすく、短時間のアルバイトでも雇ってもらえるからです。仕事は接客やサービス全般を行うホールスタッフがほとんど。**キッチンの担当になると調理の補助や食器洗い、食材の仕込みなどをしなくてはならず、包丁や火も扱うとなると手にケガをする確率が高くなります。**「手を大事にしたいという思いから、ホールスタッフを希望するのです」とある学校の教員が教えてくれました。

　そのほかコンビニエンスストアの店員も、シフトの調整や短時間勤務がしやすく、アルバイト先に選ぶ学生が多い仕事のひとつです。

　美容・理容関係のアルバイトには、将来の仕事にバイト経験が活かせる美容室や理容室、服飾関係の仕事がありますが、平日の短時間勤務やシフトの融通、自宅や学校の近くという立地などをすり合わせてみると、なかなか条件に合ったアルバイト先が見つからないことも多いようです。

　**学校によっては学生の経済的な自立と勉強の継続のために、企業と連携してアルバイト支援を行っています**が、いずれにせよどの学校でも、みな授業や検定試験の勉強に差しさわりのない範囲でアルバイトをしています。

## 大会に参加して実績を積む

　美容・理容学校では、全学科の学生がさまざまな分野の技術を競う校内のコンテストや発表会、ショーを数多く実施し、さらに外部のコンテストにも積極的に挑戦しています。

　**全国規模の有名なものには、毎年9月に開催される全国理美容学校「kawaii」選手権大会があります。**全国の理容・美容学生が「kawaii」をキーワードに、衣装とヘアスタイル、ネイルを融合させたメイクで、既成概念にとらわれないデ

ザイン性やインパクトのあるトータルコーディネートで競い合うコンテストです。

続く10月には、「理美容甲子園」の愛称で知られる全国理容美容学生技術大会があります。理容・美容学生の技術の向上をめざし、理容・美容学校のすばらしさを発信するために毎年開催される大会で、理容部門の種目はワインディング、ミディアムカット、クラシカルバックバリエーションセット。美容部門はワインディング、カット、アップスタイル、まつ毛エクステンションの４種目。さらにネイルアート部門で競います。理美容甲子園は、理容・美容学校約210校から約2000人の選手が出場する栄えある大会です。

また11月には**国際理容協会が主催する**ヘアコンテスト I.B.A. Japan Cup も控えています。コンテストに参加することで自分のレベルを確認することができ、受賞すれば実績になります。自信につながるだけでなく、就職にも有利です。

## 技術を活かしたボランティア活動

こうした技術を活かして社会に貢献する道として、定期的にボランティア活動を行っている学校があります。ある学校では、**介護施設などを訪問して、ハンドマッサージやネイル、ヘアメイクをする美容ボランティアや、企業と連携して就職活動のためのメイクをサポートするボランティア活動を行っています。**また、美容活動とは別に、地域のお祭りのサポートや地域清掃などのボランティア活動を行っている学校もあります。

### 主なコンテスト

| | |
|---|---|
| 「kawaii」選手権大会 | 全国理容美容学生技術大会 |
| I.B.A. Japan Cup | 全国学生技術コンテスト |
| JUHA JAPON Festival | 全日本ネイリスト選手権 |
| エステティックコンテスト | |

**4章**

# 卒業後の道は？

# 卒業後に就ける仕事には何があるの？

## 美と健康、癒やしを提供する仕事の数々

　ここでは**卒業後に就ける仕事を、2章の分野別に紹介します**。美容師は美容の総合職なので、美容分野の仕事であるヘアスタイルのデザイナーでもあり、ヘアメイクアーティストでもあり、ヘアカラーリスト、アイデザイナー、着付け師、ブライダリストでもあるわけですが、ここでは美容業界で使われている名称とウエイトが置かれている現場を考慮して、あえて分けて説明します。

## 美容分野

▶ 美容師

　美容室などでお客さまのリクエストに応えて、シャンプーからカット、パーマ、カラー、スタイリングまでを担い、似合わせ（お客さまに似合うヘアスタイルにする）のスキルによって、その人の魅力を引き出します。

▶ ヘアメイクアーティスト

　ヘアスタイルを整え、その人がもっとも美しく映えるメイクをする仕事。成人式やパーティーをはじめ、テレビや映画、舞台、雑誌などの制作現場で、主にヘアスタイリングとメイクを担当します。

▶ ヘアカラーリスト

　多様なヘアカラーのニーズに応える専門職。近年カラーリングだけを行うヘアカラー専門店の需要が拡大しています。

▶ アイデザイナー

　まつ毛エクステンション（まつエク、アイラッシュ）やまつ毛パーマなどを専門に行う仕事。アイスタイリストとも呼ばれます。まつ毛ケアとネイルの2つを看板にして就職したり、独立開業するケースも少なくないようです。

▶ 着付け師

　冠婚葬祭で和装をする人に対して、ふだん着慣れない着物を手早くきれいに着せてあげる仕事。就職先は結婚式場や写真スタジオ、呉服店やデパートなど。着付け教室やカルチャーセンターで講師をするケースも。

## 理容分野

▶ 理容師

　カットやパーマ、カラー、スタイリングなど、お客さまのリクエストに応えてヘアスタイルを整え、剃刀を使うシェービングによって顔を剃り、ヒゲを整えます。

▶ シェービニスト

　顔そりやフェイシャルエステ、ボディシェービングなどを行います。シェービング技術を習得した理容師しかなれない専門職です。

## メイク分野

▶ メイクアップアーティスト

　舞台や映画、テレビ、雑誌などに登場する俳優やモデル、有名人などにメイクをほどこす人は一般にメイクアップアーティストと呼ばれていますが、ヘアスタイリングとメイクはセットなので、メイクアップアーティストはヘアメイクアーティストとイコールだと考えていいでしょう。美容師免許を取得し、美容室やヘアメイク事務所、プロダクションに就職して経験を積みます。

▶ ビューティーアドバイザー（BA）

　デパートや化粧品店、ドラッグストアなどで、メイク方法やスキンケアなどのアドバイスを行い、お客さまに合った化粧品を販売します。コスメティックアドバイザー、美容部員とも呼ばれます。

▶ メイクアップインストラクター

　美容・理容専門学校や企業やサロンのセミナー、メイクアップ教室、メイクアップショーなどでメイクアップの指導にあたります。

▶ 特殊メイクアップアーティスト

　主に映画や舞台、テレビドラマの現場で、特殊な素材やメイク用具を使って登場人物の見た目を変えたり、架空のキャラクターを作り上げたりします。

## ネイル分野

▶ ネイリスト

　爪を美しく保つためのケアや、爪に繊細な絵を描き装飾します。常に新しい技術やトレンドを求められるネイルのアーティスト。経験を重ねて、自分のサロンをもつ人が増えています。

## エステティック分野

▶ エステティシャン

　髪以外の全身美容を手がけ、その人を美しい肌、健康な肌へと導き、心身にうるおいを与える仕事。必須のカウンセリングに始まり、美顔、痩身、マッサージ、脱毛などを行います。海外でも活躍できる資格をもつエステティシャンをインターナショナルエステティシャンと呼んでいます。

▶ アロマセラピスト

　エッセンシャルオイルとさまざまな香りを使い分け、心身のリラックスや美容、疲労回復を促します。

▶ リフレクソロジスト

疲労回復や美容・健康を維持するため、足の裏の反射区を刺激して自然治癒力を高めるリフレクソロジーを行います。

## ブライダル分野

▶ ブライダルスタイリスト・ブライダリスト

結婚式場やブライダルサロンで、花嫁のヘアメイクやドレスのフィッティング、結婚式当日の身の回りの世話全般を担います。

▶ ブライダルアテンダー

結婚式当日に新郎新婦に寄り添い、挙式や披露宴の進行をサポートします。ヘアメイク担当と分けて、採用している結婚式場もあります。

▶ ブライダルエステティシャン

肌の露出度の高いドレスを美しく着るための痩身やボディ・フェイシャルトリートメント、産毛の処理など、婚礼前のエステティックを専門とします。

## トータルビューティー、総合美容分野

▶ トータルビューティシャン

ヘアケアやフェイスマッサージ、メイク、ネイルなど、総合的に美と健康を維持するための技術とリラクゼーションを提供します。

▶ ビューティーセラピスト

お客さまの美容に関する悩みや不安などを解消するために、身につけたセラピーや技術のなかから、最適と思われるサービスを提供し癒やしていきます。

# 美容・理容分野で取得できる資格を知りたい！

## 上位資格の取得をめざそう

　美容・理容の専門学校は、美容業界の総合職ともいうべき美容師の国家資格や、理容技術者の頂点ともいうべき理容師の国家資格を取得するために進学する学校ですが、美容・理容学校で知識と技術を身につければ、美容師・理容師以外の職業に就くことができます。

　ただ、どの分野にしても正式な資格をもっているということは、専門的な知識や技術をもっているという証しであり、資格をもっていることを求人への応募条件にしているサロンもあります。**美容・理容学校では、より高い技術の習得をめざして、上位資格を取得できるように指導し、さらに美容・理容の技術以外のビジネス能力やサービス接遇などの資格検定にもチャレンジしています。**

## ランクも種類も多様な資格がいっぱい

　その学校でしか取得できない独自の上位資格を取得するメリットは、自身の技術が向上するだけでなく、就職先やお客さまの信頼を得るための強みとなることです。また、独立する際には、セールスポイントとしてアピールすることができます。

　ここでは、美容師、理容師以外に取得できる主な資格を紹介しますが、資格の中には認定校で学び、検定試験に合格すれば取得できるもの、外部に足を運ばなければ受けられない検定試験や、その学校独自の認定資格があるので、取得をめざす際にはきちんと自分で調べましょう。

### まつ毛

▶ JLA資格認定 5STAR

日本ラッシュアーティスト協会の主催で、まつ毛エクステンションの技術を評価する試験。LEVEL5を最高レベルとして5段階の資格認定です。

▶ ILMA全国まつ毛安全技能検定

日本ラッシュマイスター協会の主催のまつ毛パーマやまつ毛エクステンション、アイブロウなどに関する技能検定。4段階の認定資格があります。

### メイク

▶ JBMAメイクアップ検定

ジャパン・ビューティーメソッド協会主催の検定試験で、メイクの理論を理解し、実践力を高めるために実施する検定試験です。検定はレベルや必要な知識ごとに分かれた4コース。

▶ JMA日本メイクアップ技術検定

日本メイクアップ技術検定協会主催の実技検定試験で、メイクアップに関する技能力、接客力、知識力などを3段階に分けて審査します。

### ネイル

▶ JNECネイリスト技能検定

日本ネイリスト検定試験センターが主催する検定で、ネイル業界でもっとも歴史があり、知名度のある資格。

▶ JNAジェルネイル技能検定

ジェルネイルの普及を目的に日本ネイリスト協会が主催する検定試験。

## エステティック

「認定エステティシャン」は、エステティック業界では知名度の高い資格で、エステティシャンとしての知識と技術が一定水準以上のレベルであることの証しとなります。もっともベーシックな資格で300時間以上の履修時間が必要となり、上位資格の取得にはさらに条件が加わります。

▶ AJESTHE認定エステティシャン・認定フェイシャルエステティシャン・認定ボディエステティシャンなど

　関連団体としては日本でもっとも歴史がある日本エステティック協会の認定資格です。

▶ AEA認定エステティシャン・上級認定エステティシャンなど

　AJESTHEに次いで歴史のある日本エステティック業協会の認定資格です。

▶ INFA国際ライセンス

　国際エステティック連盟INFAが認定するエステティシャンの国際資格です。INFA認定の養成校で取得をめざします。

▶ CIDESCOインターナショナルエステティシャン・衛生管理資格

　国際的なエステティシャン養成機関CIDESCOが認定する国際資格です。CIDESCO認定の養成校で取得をめざします。

▶ 美剃師（シェイヴィスト）検定

　理容業界の有志らが創設した認証制度。理容師免許を保持し、女性の素肌美に寄与するシェービングの専任者で、「女性のためのシェービングサービス」に特化した専門技術職。

## その他

▶ カラーコーディネーター検定

　実践的な色彩の知識を学び、カラーコーディネーション技術を認定します。主催は東京商工会議所。

▶ 色彩検定

　色に関する幅広い知識や技能を問う色彩検定協会主催の検定試験。検定には色覚に配慮したUC（色のユニバーサルデザイン）級が加わりました。

▶ 接客心理検定

　心理学を取り入れたコミュニケーション技法を学び、接客の知識と技術を検定する、ホスピタリティ・マーケティング協会の試験。

▶ 日本化粧品検定

　化粧品やスキンケアなど美容についての幅広い知識の証しとなる文部科学省後援の認定資格。主催は日本化粧品検定協会。

※一般社団法人や公益社団法人など、法人格の名称は省略しました。

### まつ毛の資格
- JLA 資格認定 5STAR
- ILMA 全国まつ毛安全技能検定

### メイクの資格
- JBMA メイクアップ検定
- JMA 日本メイクアップ技術検定

### ネイルの資格
- JNEC ネイリスト技能検定
- JNA ジェルネイル技能検定

### エステティックの資格
- AJESTHE 認定エステティシャン・認定フェイシャルエステティシャン・認定ボディエステティシャン
- AEA 認定エステティシャン・上級認定エステティシャン
- INFA 国際ライセンス
- CIDESCO インターナショナルエステティシャン・衛生管理資格
- 美剃師検定

### その他
- カラーコーディネーター検定
- 色彩検定
- 接客心理検定
- 日本化粧品検定

# 美容・理容関連の就職活動について知りたい！

## 充実したサポート体制

　専門学校は普通高校や大学と異なり、「職業に必要な知識や技術を学ぶ職業教育機関」と位置づけられています。そのため、**身につけた知識や技術を活かした希望の仕事に就けるよう、美容・理容学校では入学時から就職活動に取り組めるカリキュラムを組み、キャリアサポート体制を整えています。**

　教室ではクラス担任が、なんでも気軽に相談にのっていますが、ほとんどの学校に就職相談室やキャリアサポートセンターがあり、専門スタッフが常駐しています。就職に関して不明なことや不安なことがあれば、専門スタッフがなんでも相談にのり、親身になって個別指導します。

　オリエンテーションやキャリア授業でも、専門スタッフが就職活動について説明しますが、授業ではさらに履歴書の書き方、面接の心得などを学びます。

## 卒業後もしっかりフォロー

　ほとんどの学校で在学する2年の間に、さまざまな説明会やガイダンスが開催され、希望の就職先へと導かれます。卒業までに就職先が決まっていない場合にも、学生からていねいに聞き取りをしたうえで、就職相談の専門スタッフと担任が、学生一人ひとりの情報を共有しながら個別指導を行います。さらに**卒業後も、勤務先での就業の悩みや転職の相談などに対応してくれます。**

　インターンシップ制度を設けているケースは少なく、学校に併設されたサロンや実習室で現場を体験します。

どは活かして、面接に臨みます。

　美容業界の傾向では、メンズヘアサロンが年々増え、需要が拡大していること。男性の身だしなみとして、脱毛や爪のケア、メイクなどのメニューも注目されています。

### 早くなったスタイリストデビュー

　これまで美容室に就職すると、3年くらいアシスタントを務めてから、スタイリストデビューを迎えていましたが、**最近はアシスタントの期間が短くなってきたといいます。**

　それは理容師の世界も同じで、就職して1年程度で店長になった卒業生もいるそうです。若くてもできるならやっていくという方向で、シャンプーからカット、シェービングまですべてをこなし、現場で実力をつけていくという傾向にあるようです。

### 気に入った働き方を実現しよう

　また、理容師でいうと、大きめのサロンに勤めて腕をみがき、20代の後半あたりには小さくても自分の店をもつ人が増えているそうです。25歳から30代前半くらいまでの、同じような年代の気の合う仲間数人で、自分たちがやりたいサイズ感の店を共同で経営していくという形が流行っているといいます。

　新人を入れて育てていこう、というものではなく、店を大きくするということは想定していない、そんな少数精鋭で完結する店が人気になっているということでした。

　美容・理容業界も、働き方やサロンの形態が多様化しています。専門学校でしっかり学び、どんな状況でも対応できる技術力と人間力をみがいていきましょう。

## 5章

# 卒業生に
# 話を聞いてみた！

> 卒業生にインタビュー！　美容師①

# メンズヘアならカットでも
# パーマでも理想の髪型に！

取材先提供

メンズヘアサロンfifth渋谷店
山野美容専門学校美容科卒業
**橋本龍星さん**

2000年生まれ。スタイリスト歴4年。fifth グループで、最年少でスタイリストデビューを果たし、最年少で店長を務める。自分の成長のために時間を使うことを大切にしている。

 ## 利き手に大ケガをしてしまった学生時代

　中学生のときにYouTubeで美容師の職業を見て、シンプルにかっこいいなと思いました。大学に入ってもとくにやりたいことがなく、やはり美容師はおもしろそうだと思い、高校2年生のころに美容師になろうと決めました。

　進学先を山野美容専門学校にしたのは、最初にオープンキャンパスに行き、かつ有名で立派な外観だったから。学校をひと目見て「デカい！」と圧倒され、一択で即決でした。学生数は多く、一クラス30～40名で10クラス以上ありました。やる気のある人もいればなさそうな人もいて、それが意外でした。

　その中で僕はできるだけ、やる気のある人といっしょにいるようにしました。最初は何もできなくてあたりまえ。ワインディングなどもうまくできませんでしたが、クラスメートと技術を高め合うように練習していたころが一番楽しかったし、思い出に残っています。

　実は1年生のとき、アルバイト中にガラスで右手に大ケガを負いました。すごい出血で「もう終わった」と思ったほど。神経を切って12針も縫ったため、小指が動かなくなってしまいました。当時はまだ基本的な技術が身についてい

なかったので、幸いだったかもしれません。僕にとって小指は動かないことがあたりまえになり、その状態で実技の練習を重ねました。美容師の資格も取得でき、技術的には何の問題もありませんが、今、同じようなケガをしたら、美容師人生はどうなってしまうかわかりません。

## 裏方としてお客さまに輝きを

　美容師をめざしたときから、メンズのスタイリストになりたいと思っていたので、美容学生になってからは、メンズを得意とするサロンにたくさん行ってみました。就職するなら技術が高くて雰囲気もよく、仕事をしながら技術を吸収できるところを希望していました。fifth はまさにそんなサロンでした。

　fifth 渋谷店はスタッフもすべて男性で、11人のスタイリストと8人のアシスタントが在籍しています。学生のときは「かっこいい髪型を作ろう」と思うものですが、一般的な需要はそれほどありません。大切なのは、どれだけその人のよさを引き出してあげられるか、です。オーダーで多いのは、20代後半から30代くらいのビジネスマンの方のセンターパート（センター分けの髪型）。その中でオンでもオフでも使い分けられるスタイルを提案しています。

　美容師には自分が目立ちたい、かっこいい存在でありたいという人も多いです。ただ、僕は自分が輝きたいという気持ちはまったくありません。あくまでも裏方でいい。お客さま第一で、ずっと技術者でいたいと思っています。

　美容師は、直接感謝される仕事です。僕は指名のお客さましかとっていませんが、リピートしてくれるということは、その人に対して提供した技術が間違っていなかったということなので、そこに喜びを感じています。

技術を提供してお客さまを輝かせたいです

卒業生にインタビュー！　美容師②

# 美容師として
# 人生の節目に寄り添いたい

EACH吉祥寺店
日本美容専門学校専門科卒業
上條実織さん

専門科を卒業。5年間、大型サロンで修業を積み、サロン以外に活躍の場を広げるため、2024年にシフトが選べる今のサロンに転職した。

著者撮影（以下同）

 **美容に向き合う姿勢を学んだ学生時代**

　私はいわゆる天然パーマで、かなりのくせ毛。それがイヤで、中学2年生のときにストレートパーマをかけました。そこは母の友人が一人で切り盛りしている美容室で、リラックスしておしゃべりができ、とても居心地がよかったのを覚えています。終わってみると自分の髪じゃないみたいで、すごく感動しました。そして、自分も喜んでもらえる側になりたいなと思ったのです。

　美を作り上げることに対する先生たちの熱意にふれて、日本美容専門学校で学びたいと思いました。

　学生時代の思い出でとくに印象に残っているのは、試験の課題として挑戦したウィッグでの作品づくりです。テーマはアップスタイルの作品。それぞれに髪型やメイクのデザインを考え、指定された技術を使って、作品を作り上げます。その人がもっている世界観が見事に表れた作品ばかりで、みんながみんな自分の個性を打ち出して、積極的に表現していたことに刺激を受けました。美容師にはそういった姿勢が必要だということを学びました。

　就職したのは、卒業生が数多く入社している大手のサロンです。技術の習得

に関するカリキュラムや福利厚生などが完備されていたそのサロンに5年間勤めた後、転職。その理由は、雑誌や映像などの分野でもヘアデザイナーとして仕事の幅を広げたくて、シフトが自由に決められるサロンを望んだからでした。

## 人の生活になくてはならない仕事

　現在、EACH吉祥寺店にはスタッフが9人います。それぞれ美容にかかわるサロンワーク以外の仕事を掛けもちしていたりするので、1カ月前くらいに希望するシフトや休みたい日を申告しています。転職したことで、自分がやりたいことを始める環境を整えることができたと思っています。

　美容室には、髪を好みの形に整えるだけでなく、息抜きのためにおしゃべりを楽しんで帰る方や、リラックスしに来るという方もいます。ヘアセットをする前と後では、お客さまの表情がまったく違っていたりします。たとえ短い時間でも、自分の技術で気持ちに変化を与えられること、心まで癒やされる時間をご提供できることは、とても幸せなことです。そのうえ、直接お客さまから喜びを伝えてもらえると、やりがいを感じます。

　技術的に特化したものを追求するというよりは、幅広い技術をもっていろいろなヘアスタイルをいっしょに楽しめる美容師でありたいと考えています。

　サロンワークでは、お客さま一人ひとりの生涯に寄り添いたいと思っています。成人式や結婚式など、人生の節目のお手伝いができたらうれしいですし、お客さまに赤ちゃんが生まれて、はじめて髪を切るファーストカットを任せてもらえることなどもこの仕事のいいところです。美容の仕事は人の暮らしに欠かせない仕事であり、世代を超えてつながることができる意義のある仕事だと実感しています。

お客さまの生涯に寄り添うようなサロンワークをめざしています

> 卒業生にインタビュー！　理容師①

# 男女を問わず喜ばれる
# 確かな技術を提供したい

ヘアーサロン銀座マツナガ　京橋エドグラン店
国際文化理容美容専門学校渋谷校理容科卒業

## 細井麻衣さん

在学中にメイク検定3級・2級、認定エステティシャン、CIDESCO（シデスコ）の国際ライセンスを取得。女性のお客さまの入り口が別にある今の勤務先が気に入っている。

 **めざしていたのはエステティシャン**

　進路を決めたのは高校3年生になってからでした。髪型やメイクより肌を整えることに興味があったので、エステティシャンになりたいと思っていました。なるからには、海外でも通用する資格を取ろうと思って調べてみると、トップレベルの国際ライセンスが、エステティシャンの国際組織 CIDESCO の資格でした。そこで、CIDESCO の認定校をいくつか見学に行きました。

　エステティックにも活かせるシェービングの技術を身につけたかったので、進学するのは理容科に決め、見学してみて「あっ、いいな」と直感が働いた学校に行くことに。それが国際文化理容美容専門学校渋谷校でした。

　直感は大当たりだったと思います。先生は技術力が高い、現役のプロフェッショナルばかり。入学した年は男子8人、女子7人の一クラス15人と人数が少なかったので、全員仲がよく、実習の時間はもちろん、七夕やクリスマスなどのイベントや学園祭や運動会などの行事も、みんなで盛り上がりました。

　1年生から広く深く理容の基礎を学び、ネイルやメイク、着付けなども総合的に学びます。2年生の後半から集中して国家試験対策をしました。1年生の

ときから国家試験の実技試験に対応できるものを日々の学びの中で身につけていて、クラスでも実技試験が心配な人はいなかったと思います。その証拠に全員が合格。

技術のほかにきっちり教えられたのは礼儀です。ビジネスマナーや接客マナーとは別に、社会に出て人として大切にするべきことを教えてもらいました。

## いろいろな技術を学び、活かせるサロンへ

就職先は、エステティックサロンにしぼらず、いろいろなことができるサロンを志望し、何軒か見学しに行きました。その中で私が望んでいた「正統派理容室」「ザ・スタンダード」という印象を強く受けたのが、銀座マツナガでした。仕事をしながら勉強でき、着実に成長していけそうな気がしましたし、伝統的にしてモダンなお店の雰囲気も、とても気に入りました。

理容師は髪をミリ単位でカットする技術者です。男性の短い髪ともなると高度なバリカンワークが必要だったり、シャンプーとカットだけでなく、理容室ならではのシェービング技術は腕の見せ所です。技術的には、突きつめるほど奥が深く、一生追求し続けられるというか、いい意味で終わりがありません。

理容師は技術と心配りによって心地よいひとときを提供できる、やりがいのある仕事です。一カ月に1、2回来店されるお客さまをはじめ、いろいろな方がいるので、お話しすると自分が全然知らない世界を教えてもらうことができ、とても楽しいです。女性のお客さまにはシェービングやマッサージなどをするので、CIDESCOの資格取得のために学んだこともおおいに役に立っていることを実感しています。

正統派の理容室で腕をふるっています

5章 卒業生に話を聞いてみた!

> 卒業生にインタビュー！　理容師②

# シェービングエステ界の<br>カリスマを目標に

取材先提供（以下同）

luxssy shaving beauty salon（ラクシー シェービング ビューティー サロン）
国際理容美容専門学校理容科（こくさいりようびようせんもんがっこう）卒業

**寺田志帆（てらだしほ）さん**

自分でサロンを運営したいという願いがかなわない奮闘中（ふんとうちゅう）。眉毛（まゆげ）のパーマ・ワックスなどのメニューもあり、低価格で通いやすく、どんな年齢層（ねんれい）にも喜ばれるサロンをめざしている。

 **オープンキャンパスで出合ったすばらしい仕事**

　シェービングエステティシャンという仕事をめざすようになったのは、国際理容美容専門学校のオープンキャンパスがきっかけでした。理容科のブースではじめてシェービングエステの存在を知り、実際に技術を体験してみて、とても感動しました。自分がシェービングをする側に立って、同じ感動をたくさんの方に与（あた）えたいと思ったのです。

　最終的にこの学校を選んだのは、「躾教育（しつけ）」を重視している点にひかれたからです。実際に入学してみると、来客者が教室に来たときには、サロンと同じように「いらっしゃいませ」と言ったり、身だしなみや返事など、サロンでは常識的なことをたくさん指導してもらいました。

　理容科では、シェービングエステを学べるリラクゼーションコースと、最短距離（きょり）でスタイリストデビューをめざすためのスタイリストコースを選択（せんたく）できます。私は髪（かみ）の技術の習得もめざし、スタイリストコースを選択（せんたく）していました。でも、やはり一番関心があったのは肌（はだ）のことで、皮膚（ひふ）や人体の授業はとても楽しかったです。そのときに教えてもらったことは、今も仕事に活かせています。

## 独立後も勉強の日々

　卒業後は銀座の某大手サロンへ。でも、年数が経てば経つほど自分でサロンを運営したいという気持ちが強くなっていきました。そんなときタイミングよく「DAMDEE TOKYO」という理容室を経営している学校時代の同級生から、「女性エステ部門の代表をやってみないか」と声をかけてもらったのです。

　まずは、理容室の一画を借りて1席で行っていましたが、3カ月ほどで売上が100万円に。そこで席数を増やすために今の場所に移転しました。最初は道具の準備や一から必要なものをそろえていくのが大変でした。学校でも経営の勉強をしていたのですが、正直あまり話を聞いていなかったかもしれません。自分でサロン一帯のお客さまの層を調べて、メニューや価格を考えました。

　お客さまの肌質や、性格、毛質などは十人十色です。それに合わせたエステや、接客、お客さま一人ひとりのニーズに合わせた提案ができるまでに、少し時間がかかりました。社会人になってから日々の授業の大切さや、学生のうちからたくさんのお店に足を運んで知識を広げることの重要性を感じています。

　今はいろいろなお店に行ったり、同業者の講習に参加したりして知識を増やしています。お店に行くときはあえて経歴が長い理容師やエステティシャンを指名して、自分がお客さまにされて困った質問をしてみて、この方だったらどのように答えるかな？　と接客・技術のさまざまな面を研究して、身につけています。

　シェービングエステは理容師にしかできない仕事です。刃物を人の肌に当てることができるのは、医師か理容師だけ。仕上がりの肌の変化がその場でわかるので、お客さまも感動します。やりがいを感じない日はありません。

理容師の資格を取り、シェービングエステを提供しています

5章　卒業生に話を聞いてみた！

卒業生にインタビュー！　ネイリスト

# ネイル中は常に気持ちが安定していることが大事

ERUSARIO新宿店
東京美容専門学校美容総合科卒業

### 坂口ともみさん

サロンによってデザインのジャンルが違う。混ざり具合に特徴があるニュアンス系ネイルが得意。独立はいろいろなジャンルのデザインができるようになってから。

著者撮影

## アイスタイリストは向いていなかった

　勉強が嫌いだったので大学への進学は選択肢になくて、専門学校へ行こうと思っていました。分野は美容系。そのなかでも夏休みにやってみて興味をもったネイルを専門に学びたいと思いましたが、最初は仕事にしたいとまでは思っていませんでした。

　東京美容専門学校はオープンキャンパスのときの印象がよかったので、美容師免許が取得できる美容総合科のトータルビューティーコースに進学しました。いろいろなことを学ぶコースで、ブライダルのヘアメイクやドレスのフィッティングなどをして撮影をするといった授業もあり、とても楽しかったです。2年間でたくさんの資格を取得するというカリキュラムで、集大成として美容師の国家資格を取りました。国家試験の実技練習をしつつ、いろいろな検定に挑戦するのはけっこう大変で、アルバイトもしていたので、毎日手一杯な感じでした。

　卒業後、せっかく美容師免許が取れたので、美容師しかなれないアイデザイナーになってみようと思い立ち、まつエクサロン（まつ毛エクステンションの

サロン）に就職しました。でも、それまで私自身まつエクをしたことがなく、まつエクすることに強い思い入れがあったわけではなかったので、モチベーションを保てませんでした。自分には向いていないと思い、ネイルサロンに就職することにしました。実際にネイルアートをほどこしてもらいに行ってみたり、何店か見学させてもらったりして、就職先を決めました。

### 1週間の研修でネイリストデビュー

　面接の後1週間だけ研修があり、とくに問題がなければ、そのまま入社するという流れでした。美容師でいうアシスタントのようなジュニアネイリストの期間がなく、1週間しか練習していないのに、店長と同じ金額をもらう技術者としてデビューするわけです。かなりのプレッシャーでした。

　お客さまからは色を細かく指定されたり、難しいスキルを求められるので、内心はとても怖かったです。そのため、空き時間に練習を重ね、先輩にもいろいろ教えてもらいました。サロンで提供しているすべてのメニューができるようになるまでに、1年くらいかかったと思います。

　サロンにはスタッフが6人います。今はある程度自信もついてきました。お客さまの年齢層は幅広く、70歳近い方もいらっしゃいます。指名してくれるお客さまも増えました。お客さまが話しかけてきたら応じますが、自分からは話しかけません。話さないほうが、お客さまがあまり動かないので早くできるし、きれいに仕上がるからです。ネイルをしている最中にお客さまと話をしなくても、喜んでくれているのが目に見えてわかるので、やりがいがあります。「すてき！」「かわいい！」と喜んでもらえると、やはりうれしくなります。

坂口さんの作品　取材先提供

卒業生にインタビュー！　エステティシャン

# 指名や感謝の言葉が何よりも心をうるおす

TBC（ティービーシー）グループ株式会社
東京（とうきょう）ビューティーアート専門学校（せんもんがっこう）エステティック科卒業

## 綿貫咲希（わたぬきさき）さん

世界で通用する CIDESCO（シデスコ）インターナショナルエステティシャンの資格を取得し、エステティック業界のリーディングカンパニーに就職。美と健康をサポートするこの仕事をずっと続けていきたい。

取材先提供（以下同）

 **魔法の手だとほめられて**

　小学生のときからマッサージをするのが好きで、お手伝い感覚で母にしてあげていたら、母が「魔法（まほう）の手だね！」と言ってくれることがありました。それがうれしくて、気づいたらエステティシャンをめざしていました。

　東京ビューティーアート専門学校のエステティック科を選んだのは、エステティックの資格のなかでもレベルの高い CIDESCO の資格を取得できる認定校だったことや、私たちの代がエステティック科1期生ということに魅力（みりょく）を感じたからでした。また、オープンキャンパスに行った際、先生方や先輩（せんぱい）たちの距離感（きょりかん）が近く、とてもよい雰囲気（ふんいき）だったことも進学先に選んだ理由です。

　入学してみると熱心に指導してくださる先生ばかりでした。私はオープンキャンパスのスタッフを務めていたので、その活動でもいろいろフォローしてもらいました。オープンキャンパスのスタッフは高校生に向けて、学校のよさや授業内容などを伝えなくてはならないため、コミュニケーション能力の向上につながりました。また、ほかの学科の学生ともかかわる機会が多くあったので、協調性もみがくことができました。

就職活動では先生がオンラインで面接練習などをしてくださり、友人たちも親身になってかかわってくれました。自身の長所や強みなどなかなか思いつかず、就活の面接対策で悩んでいたときのことです。まわりの友人が嫌な顔もせずに、客観的に見た私の長所や強みなどを伝えてくれたのです。おかげでそれを参考に、面接を進めることができました。

## お客さまも自分もきれいにできる仕事

　今、私はめざしていたエステティシャンの仕事に就いています。サロンでは技術を提供するほか、スキンケアやメイクアップ用の商品を紹介したりしています。日々の仕事の中で喜びを感じるのは、お客さまから指名を受けたり、感謝の言葉をいただいたりしたときです。エステ中はコミュニケーションを取ることを意識しているため、会話を楽しみに来店してくれるお客さまや、帰り際などにもていねいにお礼を伝えてくれるお客さまがいると、とてもやりがいを感じます。エステティシャンはお客さまだけでなく、自分自身の心も体もきれいにできる仕事なんだと思います。

　まだまだ毎日が勉強だと思っていますが、でも楽しく学ぶことができています。高校時代にはあまり勉強が好きではなかったのですが、そんな私でもきちんと取り組むことができているのです。それはエステティシャンが自分に合った、とても魅力的ですてきな仕事だからだと思っています。

　今後の夢や挑戦したいことをあげるとしたら、今できることをよりきわめて、後に続く世代の人たちに教えていけるようにしていきたいということです。また、さらに新たな技術を取得して、自分の可能性を広げていきたいです。

エステ中はコミュニケーションを意識しています

[卒業生にインタビュー！] 　ブライダルスタッフ

# 大切な一日をよき日に！
# という気持ちを糧に

著者撮影（以下同）

株式会社ツルミ美容院 アニヴェルセル ヒルズ横浜店
山野美容専門学校美容科卒業
**平野瑠奈さん**

接客に入る前にテストがあり、うまくいかなくて挫折するときもあったけれど、お客さまと接すると向上心が湧く。人生の大切な晴れ舞台を支える仕事にやりがいを感じている。

 ブライダルにかかわる美容技術を学びたい

　小学生のときに見た海外のテレビ番組がきっかけで、ブライダルプランナーにあこがれ、小学校の卒業文集にも将来は「ブライダルプランナーになりたい」と書いていました。それが中学生になると美容に興味をもちはじめ、高校を卒業するころにはブライダルのヘアメイクアーティストになるために、美容の専門学校への進学を決めていました。何校かのなかから山野美容専門学校を選んだのは、設備が整った学校で学びたいと思っていたことと、人数が多く、ライバルが多いところで学べるという環境にひかれたからです。

　1年生のときはカットやカラー、ヘアアレンジ、メイクやネイルなどの美容の基礎をしっかり学び、2年生では当時のカリキュラムで、メイクとヘアアレンジの授業を選択しました。ブライダルの基本となるヘアスタイルには「夜会巻き」と「カールアップ」の2種類があるのですが、それも学生時代に基礎からきちんと学んできたので、就職してから苦戦することなくできています。特化した授業を受けられたことは、ありがたいことでした。

　毎年2年生の秋ごろ、美容学校入学後にどんな技術ができるようになったか

を披露する「学生ショー」というイベントを開催します。学びの集大成のつもりで、学生が手がけるそのイベントは、とても印象に残っています。美容の道に進みたいけれど、何をやるか悩んでいるのなら、入ってからも選択肢がいっぱいある山野美容専門学校はおすすめの学校だと思います。

## 新郎新婦に喜ばれるように

　卒業後は神奈川県横浜市に本社を置く美容院のブライダル事業部に就職しました。希望の勤務先だったのでうれしく、やりがいや楽しさを感じています。

　平日、結婚式がないときはリハーサルのほか、式辞や伝票を書く事務の仕事や掃除など、曜日ごとに決められた仕事を手分けしてこなします。私にとってこの職場の何が魅力かというと、勤務時間中に必要な練習ができることです。仕事が立て込んでいない時間はすべて練習に費やせるうえ、必ず先輩がついて教えてくれるので、すごく勉強になります。

　結婚式がある日、ブライダルスタッフは新郎新婦が来館されたら、メイクをしてドレスを着付けして、終日ずっと2人をアテンド（付き添ってサポート）します。ヘアメイクをしたら終わりではなく、ドレスを着替えるのもヘアメイクを直すのも、新婦が歩きやすいようにドレスを整えるのも、すべて一人のスタッフが行うのです。

　実は私はまだ入客（お客さまのお世話）をしたことがありません。先輩についてメイクとアテンドはしたことがあるのですが、ヘアセットはまだしたことがありません。ヘアもメイクもアテンドも、すべて一人で行うことを「一人支度」というのですが、早く入客して一人支度ができるようになりたいです。今はそれが目標です。

晴れの日の新婦を彩る仕事です

## 6章

# 専門学校を
# 選ぶときに
# 気をつけたいこと

# 美容・理容系の専門学校の入試方法と選考について

## 4つの入試方法がある

みなさんはどんな入試方法で高校に進学しましたか？ 学力検査と調査書などで決める一般入試でしょうか。

**美容・理容専門学校の入試方法には、総合型選抜と学校推薦型選抜（指定校制）、学校推薦型選抜（公募制）、それと一般選抜の4つの種類があります。**

入学試験に出願できるのは、原則として、入学した時点で「満18歳以上」で「高等学校卒業程度以上」である人です。最終学歴が中学校卒業の場合は、高等学校卒業程度認定試験に合格した人か、合格見込みの人です。それぞれの特徴をまとめておきましょう。

## 受験するための予約制度？

まず、総合型選抜です。出願した生徒の性格や経歴、実績などを、その学校が期待する学生像（アドミッション・ポリシー）と照らし合わせて、合否を決める入試です。アドミッション・ポリシーというのは、たとえば「美容・理容業界に進むという目標が明確で、その実現に向けて努力する人」「協調性があり、チャレンジ精神がある人」など、こういう学生であってほしいという学校側の受け入れ方針のことです。

総合型選抜の選考方法は、書類審査と面接がほとんど。学力や成績より、実際に美容・理容分野で働く意欲や姿勢を重視して、総合的に判定して合否を決める学校が多いようです。

総合型選抜には、出願するためにエントリー（予約）が必要なのですが、覚えておいてほしいのは、出願するにはオープンキャンパスなどに参加する必要があることと、出願受付期間は数回にわたってあることです。

## 増えている総合型選抜入試

最近は、美容・理容学校への入試に総合型選抜を選ぶ人が増えています。出願して7月初旬に面接をし、もしも合格すれば、高校3年の後半はもう進路のことで悩んだり、受験の心配をしたりする必要がなくなります。

早くに進路が決まってしまえば、入学までの間、アルバイトもできるし、専門サロンでメイクやエステティックなどを経験する時間もあります。また、**総合型選抜で入学が決まった学生が希望すれば、体験授業やプレスクールを実施する学校もあります。** 入学前から専門知識や技術にふれられるのは魅力ですね。

選考のときに美容・理容分野で働く意欲をくんでもらえるなら、自分を積極的に表現していける人、やる気を見せられる人には相性のいい入試方法だといえるでしょう。そんなところに総合型選抜が増えている理由があるようです。

ただ、推薦選抜と違い、倍率の高い学校では総合型選抜で不合格になる確率も高いといえます。志望校の傾向を調べて対策を立てておきましょう。

## 指定校枠を利用する学校推薦型選抜

つぎの学校推薦型選抜ですが、指定校制と公募制の2種類があります。
**指定校制の学校推薦型選抜とは、美容・理容専門学校から推薦校として指定された高校の校長から推薦された生徒が、優先的に入学できる選抜方法です。** 出願を希望する人は自分の通っている高校が、行きたい専門学校の指定校かどうか、確認してみるといいでしょう。

選考方法は指定校からの推薦状を含む書類審査と面接で、指定校の教育水準や生徒の成績と、理容・美容に対する熱意や積極性を見られます。生徒の成績

が学校成績評定平均3.0以上で高校3年間の欠席が20日以内とか、学校成績評定平均3.2以上で欠席日数は12日以内などの出願条件があります。

　いずれにしても出願の受付は10月1日から。試験日は学校によって違います。出願受付期間を1～2回設けている学校があり、早ければ10月中に、遅くても12月上旬には合否が決まります。

## どの高校からも推薦が可能な学校推薦型選抜

　もうひとつの**公募制の学校推薦型選抜は、専門学校から指定がなくても、どの高校からも出願できる選抜方法です。**ただ学校推薦型という以上、高校の校長の推薦が必要です。そのほか、学習成績評定や高校3年間の欠席日数などが出願条件となります。学習成績評定平均2.7、あるいは2.8以上、欠席日数は18日以内という学校もあれば、20日以内や25日以内という学校もあります。

　選考方法は、高校からの推薦状を含む書類審査と面接だけの学校のほか、それに加えて、作文や作図試験をする学校もあります。

## 作図試験は何を見るためのもの？

　ところで、作図試験とはいったい何なのでしょう。ある学校では、1分間に直径12センチの円をフリーハンドで描いてもらうのだといいます。なぜ、そのような試験をするのだと思いますか？

　美容・理容の仕事で髪を扱うには、ある程度正確な「長さ」の感覚をもつことが必要になります。直径12センチの円というと、よく目にするCDやDVDなどのディスクのサイズです。作図試験はその人が長さの感覚をもっているかどうかや、日常的な観察力、応用力を見るためのものなのです。

　選考方法に多少の違いがあっても、出願の受付は指定校制と同様で10月1日から。試験日や出願受付の回数もやはり学校によって異なります。合否は早ければ10月中に、遅くても12月上旬には決まります。それで決まれば、冬休み

100

はやりたいことができそうですね。

## 合否決定がもっとも遅い学力重視型の一般選抜

4つめの**一般選抜は、これまで「一般入試」と呼ばれていた学力重視の選考方法です。**学校からの推薦などではなくて、書類審査、面接、筆記試験あるいは作文や作図試験などで合否が決まる入試方法です。試験はなく、書類審査と面接だけという学校もあります。

4つの入試方法のなかでもっとも出願時期が遅く、出願受付は11月1日からです。11月以降、2回から3回、出願受付期間を設けている学校が多く、遅い学校では3回目の試験を2月、あるいは3月に行います。

出願を迷っていて、推薦入試は難しいけれど、やはり美容・理容の勉強をしたいというような人もいるかもしれません。そんな人のためにチャンスを増やしているのです。ただし、どの学校も選考によって定員に達した時点で受付を終了するので注意が必要です。

## 面接にはメイクや派手なヘアスタイルはNG

近年、Web出願を受け付けたり、遠方に居住する受験生に対して、オンライン入試面接を実施する学校も出てきました。どんな入試方法でも、必ず面接の審査があります。

**美容・理容専門学校の面接審査では、人柄やコミュニケーション能力、美容・理容の仕事への熱意などがあるかどうかを重視する傾向があります。**美容・理容の世界で将来自分はどうなりたいのか、そのためにこの学校で何を学び、どんな技術を身につけたいのかをよく考え、面接官にきちんと伝えられるように、あらかじめ準備しておくといいですね。

また、ふだんメイクやヘアアレンジをし慣れているからといって、面接ではふさわしくありません。髪型や身だしなみには気を配りましょう。

101

# 美容・理容系専門学校の学費について

## 授業料以外にかかる費用が多い

　学びたい分野の専門学校を探すときは、授業のカリキュラムや立地はもちろん、検定対策や就職活動のサポート体制、就職実績などをチェックするのは大切です。でも、やはり気になるのは学費のことではないでしょうか。

　学費は学校によって異なり、あたりまえですが、高い学校もあれば安い学校もあります。都市部にあるか地方にあるかによっても、また学科によっても多少の差はあります。**相場を調べてみると、昼間部２年間の学費は200万〜300万円といったところでしょうか。**

　美容・理容専門学校では実習設備が充実した学校が多く、運用するためには維持費がかかります。施設維持費や実習費は学校によって差がありますが、諸経費にもさまざまなものが加算されるため、入学金・授業料・施設維持費・実習費だけを見れば220万〜230万円でも、その他の諸経費を加えると270万円近くなったり、290万円を超えることもあるのです。

## 教材や練習道具、資格検定料は自己負担

　学生たちは個人で使う道具や器材を整えなくてはいけません。**実習などで使用する薬剤や消耗品も多いので、それだけ学費がかさんでしまうのです。**

　諸経費に含まれるものには、教科書・教材費、各種資格検定受験料やセミナー・特別授業受講料、受験対策費、健康診断料、修学旅行積立金や行事関連費用、就職支援システム費、同窓会・卒業費などなど。

国家試験の受験料や練習用・国家試験本番用のウィッグの費用なども、諸経費に含まれます。ウィッグは2年間で40〜60体使います。その他、海外研修旅行の参加希望者は、その費用も用意しなくてはなりません。もし、遠方からの進学で、親元を離れて一人暮らしをするとなると、その生活費も必要です。

2年間にかかる学費と内訳例

|  | 入学金 | 授業料 | 実習費 | 施設維持費 | 諸経費 | 合計 |
|---|---|---|---|---|---|---|
| A校美容科 | ¥120,000 | ¥912,000 | ¥624,000 | ¥620,000 | ¥585,000 | ¥2,861,000 |
| B校美容科 | ¥100,000 | ¥864,000 | ¥558,000 | ¥500,000 | ¥558,000 | ¥2,580,000 |

## 美容・理容学生を支援する奨学金制度の活用

将来の仕事に直結する学校選びは、学費の高い・安いだけで判断できるものではありませんが、経済的になかなか厳しいということもあるかもしれません。そんなときのために、学校や企業、団体が、美容・理容学生を支援する制度を設けています。

学校と連携している美容サロンや企業が、将来有望な美容学生に奨学金を支給する提携サロン奨学金制度を設けている学校があります。これは卒業後、提携サロンや企業に就職することを前提として、学費の一部が支援されるというものです。

奨学金の額は学校によって違いますが、入学したと同時に就職先が内定したようなものなので、就職活動をする必要がないわけです。でもその分、在学中は優秀な成績を収めなくてはなりませんし、国家試験にも一発合格しなくてはいけませんね。

## 美容・理容専門学校に進学した1年生を対象に

EARTH美容育英財団は、理容・美容業界への就職をめざしている学生を支

援するために設立された団体です。この財団のEARTH奨学金制度では、美容師養成施設として指定された専門学校に入学した1年生に、2年間にわたって毎年48万円を支給します。給付型なので返済する必要のない奨学金です。

応募するには、卒業した高校での成績評定平均が3.5以上であることや、収入・所得に上限があるなど、一定の条件があります。ほかの奨学金と併用することができ、また進学した学校を通さなくても、直接応募することができるので、詳細は財団のホームページで確認してください。

## 2年次の1年間を支援するリジョブ奨学金

そのほか、美容・理容専門学校に在学中で、経済的な支援が必要な2年生を対象にした奨学金制度があります。これは美容やヘルスケア、介護ケアに特化した求人メディアの運営や就職応援フェアの開催などを行う株式会社リジョブが創設した奨学金で、1年生の11月末までにWebで応募を終えて、書類審査と面接審査を通過した学生に2年次の12カ月間、給付型の奨学金を支給するというものです。

給付額は自宅通学の学生と自宅以外からの学生とで違い、年間12万〜24万円。支援する経済的な目安としては世帯収入が500万円未満、あるいは事業所得が200万円未満で、応募時にリジョブに会員登録していることが条件です。

募集人数は50名を予定していて、これまでも42校に及ぶ全国の実績校から支援を受けた2年生が美容・理容業界に羽ばたいていきました。

## 国や自治体にも支援制度がある

さらに、**専門実践教育訓練給付制度や民間金融会社と提携した学費サポートプランを利用できる学校もあるので、ホームページで事前に確認しておきましょう。** 奨学金制度以外にも、一人暮らしをする学生のために、学生寮や提携施設を用意して、経済的にサポートをする制度を設けている学校もあるので、

遠方から進学を希望している人は要チェックです。

公的な支援としては、日本学生支援機構の高等教育の修学支援新制度や日本政策金融公庫が扱っている国の教育ローン、一部の地方自治体が設けている奨学金制度も心強い味方です。

日本学生支援機構の修学支援新制度は、授業料と入学金の免除・減額と返済が不要の給付型奨学金です。行きたい美容・理容学校がこの制度の対象校だと、この修学支援制度を受けることができます。

国の教育ローンは固定金利で長期返済が可能なうえ、日本学生支援機構などの奨学金と併用できます。地方自治体の奨学金制度には貸与型と返済不要の給付型の2種類があるので、居住している自治体を調べてみてください。

## 腕次第で高収入が期待できる仕事

美容師・理容師は就職したばかりのアシスタント時代には、高い給与は期待できません。ヘアメイクアーティストやネイリストも、すぐには高収入を得られませんが、実績を積むうちに収入も上がっていく可能性があります。最近は美容師・理容師のスタイリストデビューまでの期間が短くなっているそうです。

**就職後、サロンで早い時期に店長や副店長になり、多くの指名を受けるスタイリストに成長すれば、高収入も期待できます。** 独立して経営を軌道に乗せる人もいることでしょう。

美容・理容学校の学費は安くありませんが、美容・理容にかかわる仕事は自分の腕次第、やり方次第で、周囲からもお客さまからも信頼を得ることができ、将来的には安定した収入を見込める夢の仕事だといえます。

# 美容・理容学生をめざすなら中高生時代にやっておきたいこと

## 実際にサロンを体験する

　ほとんどの人が日ごろから美容室や理容室で髪を整えてもらっていると思いますが、**美容・理容に興味があるなら、中高生のうちにふだん行き慣れていないサロンを経験するのもいいかもしれません。**

　たとえば、理容室にしか行ったことがないなら美容室に行ってみるとか……。理容室に行ったときのようにオーダーしても、使う道具やカットの仕方などに違いがあるかもしれません。きっとさまざまな発見があることでしょう。

　また、肌荒れやニキビに悩んでいても、中高生では肌ケアのためにエステティックサロンへ行くことを考える人は少ないでしょう。この本で紹介した先輩の一人は、肌のトラブルを抱えていたので、高校時代からエステティックサロンに通って、ホームケアの指導をしてもらっていたと話していました。実際に経験することで、これまで知らなかった美容・理容の世界にふれることもできるのではないかと思います。

## アルバイトで社会経験を

　高校生のふだんの生活では、ふれあう社会人はどうしても限られます。そこでおすすめなのがアルバイトです。

　アルバイトをするには、学校側の許可や保護者からの承諾が必要な場合があるので、だれもができるわけではありませんが、アルバイトによって社会のルールやマナー、人間関係をどう築いていくか、信頼されるために何をすべき

かなどを学ぶことができます。

　**美容・理容に興味があるなら、その関連のアルバイトを探してみるのも手で
す。** 仕事の内容が、サロン内の掃除や片付け、タオル類の洗濯などの軽作業だ
としても、サロンワークの流れやお客さまへのもてなし方などを知ることがで
きます。

　高校時代に美容室でアルバイトをしていたという美容学生は、そこで働いた
ことで、美容師の仕事や自分が本当にしたいことがわかったと話していました。
高校の勉強に支障がない程度に挑戦してみてください。

## アウトプット、表現することを意識しよう

　スマートフォンなどの端末を常に手放さず、情報収集だけをしていると、情
報に振り回されてしまうことがあります。インターネットで検索すれば、簡単
にたくさんの情報が得られますが、残念なことにその中にはデマやフェイクニ
ュースもあります。だから情報を選び取る力、判断する力が必要になるのです。

　そのためにはインプットした正しい情報を、自分の考えでアウトプットでき
る力を身につけることが大切です。

　アウトプットとは、知識や経験などを自分の形で表現したり、ほかの人に伝
えたりすることですが、**アウトプットすることで知識や技術が自分に定着し、
自分の理解も深まります。** 中高生のときから、アウトプットや表現の仕方を意
識するように心がけましょう。

## 興味のある技術を動画で学ぶ

　理容科の先生の話では、理容に興味をもった人は高校生のときからYouTubeなどから情報を得て、バリカンの使い方をマスターしていることがあるとのことでした。ハサミの技術と違ってバリカンの技術は、見てマネすることで、比較的早い段階で作りたい形に近づけることができるのだそうです。

　ヘアアレンジにしてもメイクにしてもネイルにしても、技術が学べるさまざまな動画があり、やる気を刺激してくれます。自分で試すことで、知識や技術が定着するかもしれません。

　動画による学びにはたしかに限界はありますが、美容技術にしても理容技術にしても、道具や手順を知っているのといないのとでは、授業を受けたときの理解の速さが違います。**学校の勉強の妨げにならない程度に、中高生のときから専門的な知識や技術にふれておくのもいいのではないでしょうか。**

## 新しいことにどんどん挑戦

　「私は中学生のときに『勉強って意味があるのかな』と思っていたんですけど、勉強の内容というより、勉強する過程とか勉強する姿勢が大事なんだと思います。それは必ず何かにつながっていきます」

　総合美容を学んでいる学生の言葉です。中学生のときからおしゃれが好きで、少し派手な装いをしていたのですが、成績が悪かったことから、ずいぶん非難されたといいます。そこで勉強にもおしゃれにも力を入れて向き合ってみたところ、学年でも5本の指に入るくらいの成績となったとか。

　「自己肯定感につながる経験は絶対大事！　自信は新しいことに踏み出す勇気につながります。新しいことにどんどん挑戦していくことで、それから得られる経験もたくさんあるし、その経験から学んだことで、さらに自信がついて成長していけます」

　中学や高校のときは、他の人と同じでなければ、と思いがちですが、美容・

理容学校では個性的で自分の考えをもった人が多いので、逆に自分の世界も広がったと言っていました。

**学校の活動にしてもプライベートにしても、機会があったら新しいことにどんどん挑戦してください。**なんにでも楽しんで挑戦し、自分を成長させていってください。

## オープンキャンパスに行こう

学校選びに欠かせないイベントが、学校を公開し、施設や学生活動のようすを知ってもらうための「オープンキャンパス」です。美容・理容専門学校では毎月何回か、さまざまなスタイルのオープンキャンパスを実施していて、それらへの参加が総合型選抜入試の条件になっていることが多いです。

どの学校でも、たいてい学生が広報委員や運営スタッフとなり、実技体験のエスコートをしたり、学科の説明をしたりして、来校者をもてなします。

オンラインオープンキャンパスやオンライン個別相談も実施されていますが、映像で見るのと実際に行ってみるのとでは大違い。化粧品のにおいや、サロンの空気感にふれられるのは参加型のオープンキャンパスならではです。

高校生だけでなく中学生でも、美容・理容業界でなりたい職業があったら、オープンキャンパスに参加して話を聞き、技術を体験してみるのもいいのではないでしょうか。その仕事が自分に向いているか向いていないか、本当に好きかどうかがわかるかもしれません。将来の道を見つけられるかもしれません。

**著者紹介**

大岳美帆（おおたけ みほ）

フリーライター・編集者。編集プロダクション勤務を経て独立。
社史やホリスティック医療系の会報をメインに執筆するほか、
著者に『子犬工場－いのちが商品にされる場所』（WAVE出版）、
『美容師・理容師になるには』『トリマーになるには』『愛玩動
物看護師になるには』『大学学部調べ 経営学部・商学部』『環
境学部』『人間科学部』（ぺりかん社）などがある。

なるにはBOOKS 学校調べ
知りたい！ 専門学校 衛生分野①
──美容・理容・メイク・ネイルなど

2025年5月1日 初版第1刷発行

著　者　大岳美帆
発行者　廣嶋武人
発行所　株式会社ぺりかん社
　　　　〒113-0033　東京都文京区本郷1-28-36
　　　　TEL：03-3814-8515（営業）　03-3814-8732（編集）
　　　　http://www.perikansha.co.jp/

装画・本文イラスト　福田玲子
装丁・本文デザイン　ごぼうデザイン事務所
写真　編集部
印刷・製本所　株式会社太平印刷社

©Otake Miho 2025
ISBN978-4-8315-1695-4
Printed in Japan

# 【なるにはBOOKS】ラインナップ  税別価格 1170円〜1700円

- ❶ パイロット
- ❷ 客室乗務員
- ❸ ファッションデザイナー
- ❹ 冒険家
- ❺ 美容師・理容師
- ❻ アナウンサー
- ❼ マンガ家
- ❽ 船長・機関長
- ❾ 映画監督
- ❿ 通訳者・通訳ガイド
- ⓫ グラフィックデザイナー
- ⓬ 医師
- ⓭ 看護師
- ⓮ 料理人
- ⓯ 俳優
- ⓰ 保育士
- ⓱ ジャーナリスト
- ⓲ エンジニア
- ⓳ 司書
- ⓴ 国家公務員
- ㉑ 弁護士
- ㉒ 工芸家
- ㉓ 外交官
- ㉔ コンピュータ技術者
- ㉕ 自動車整備士
- ㉖ 鉄道員
- ㉗ 学術研究者(人文・社会科学系)
- ㉘ 公認会計士
- ㉙ 小学校教諭
- ㉚ 音楽家
- ㉛ フォトグラファー
- ㉜ 建築技術者
- ㉝ 作家
- ㉞ 管理栄養士・栄養士
- ㉟ 販売員・ファッションアドバイザー
- ㊱ 政治家
- ㊲ 環境専門家
- ㊳ 印刷技術者
- ㊴ 美術家
- ㊵ 弁理士
- ㊶ 編集者
- ㊷ 陶芸家
- ㊸ 秘書
- ㊹ 商社マン
- ㊺ 漁師
- ㊻ 農業者
- ㊼ 歯科衛生士・歯科技工士
- ㊽ 警察官
- ㊾ 伝統芸能家
- ㊿ 鍼灸師・マッサージ師・柔道整復師
- 51 青年海外協力隊員
- 52 広告マン
- 53 声優
- 54 スタイリスト
- 55 不動産鑑定士・宅地建物取引士
- 56 幼稚園教諭
- 57 ツアーコンダクター
- 58 薬剤師
- 59 インテリアコーディネーター
- 60 スポーツインストラクター
- 61 社会福祉士・精神保健福祉士
- 62 中小企業診断士

- 63 社会保険労務士
- 64 旅行業務取扱管理者
- 65 地方公務員
- 66 特別支援学校教諭
- 67 理学療法士
- 68 獣医師
- 69 インダストリアルデザイナー
- 70 グリーンコーディネーター
- 71 映像技術者
- 72 棋士
- 73 自然保護レンジャー
- 74 力士
- 75 宗教家
- 76 CGクリエータ
- 77 サイエンティスト
- 78 イベントプロデューサー
- 79 パン屋さん
- 80 翻訳家
- 81 臨床心理士
- 82 モデル
- 83 国際公務員
- 84 日本語教師
- 85 落語家
- 86 歯科医師
- 87 ホテルマン
- 88 消防官
- 89 中学校・高校教師
- 90 愛玩動物看護師
- 91 ドッグトレーナー・犬の訓練士
- 92 動物園飼育員・水族館飼育員
- 93 フードコーディネーター
- 94 シナリオライター・放送作家
- 95 ソムリエ・バーテンダー
- 96 お笑いタレント
- 97 作業療法士
- 98 通関士
- 99 杜氏
- 100 介護福祉士
- 101 ゲームクリエータ
- 102 マルチメディアクリエータ
- 103 ウェブクリエータ
- 104 花屋さん
- 105 保健師・養護教諭
- 106 税理士
- 107 司法書士
- 108 行政書士
- 109 宇宙飛行士
- 110 学芸員
- 111 アニメクリエータ
- 112 臨床検査技師
- 113 言語聴覚士
- 114 自衛官
- 115 ダンサー
- 116 ジョッキー・調教師
- 117 プロゴルファー
- 118 カフェオーナー・カフェスタッフ・バリスタ
- 119 イラストレーター
- 120 プロサッカー選手
- 121 海上保安官
- 122 競輪選手
- 123 建築家
- 124 おもちゃクリエータ

- 125 音響技術者
- 126 ロボット技術者
- 127 ブライダルコーディネーター
- 128 ミュージシャン
- 129 ケアマネジャー
- 130 検察官
- 131 レーシングドライバー
- 132 裁判官
- 133 プロ野球選手
- 134 パティシエ
- 135 ライター
- 136 トリマー
- 137 ネイリスト
- 138 社会起業家
- 139 絵本作家
- 140 銀行員
- 141 警備員・セキュリティスタッフ
- 142 観光ガイド
- 143 理系学術研究者
- 144 気象予報士・予報官
- 145 ビルメンテナンススタッフ
- 146 義肢装具士
- 147 助産師
- 148 グランドスタッフ
- 149 診療放射線技師
- 150 視能訓練士
- 151 バイオ技術者・研究者
- 152 救急救命士
- 153 臨床工学技士
- 154 講談師・浪曲師
- 155 AIエンジニア
- 156 アプリケーションエンジニア
- 157 土木技術者
- 158 化学技術者・研究者
- 159 航空宇宙エンジニア
- 160 医療事務スタッフ
- 161 航空整備士
- 162 特殊効果技術者
- 補巻24 福祉業界で働く
- 補巻25 教育業界で働く
- 補巻26 ゲーム業界で働く
- 補巻27 アニメ業界で働く
- 高校調べ 総合学科高校
- 高校調べ 農業科高校
- 高校調べ 商業科高校
- 高校調べ 理数科高校
- 高校調べ 国際学科高校
- 高校調べ 体育科高校
- 高校調べ 美術科高校
- 教科と仕事 英語の時間
- 教科と仕事 国語の時間
- 教科と仕事 数学の時間
- 教科と仕事 理科の時間
- 学部調べ 社会学部・観光学部
- 学部調べ 文学部
- 学部調べ 教育学部
- 学部調べ 教養学部
- 学部調べ 人間科学部
- 学部調べ 生活科学部・家政学部
- 学部調べ 芸術学部
- 学部調べ 音楽学部
- 学部調べ 心理学部
- 学部調べ 建築学部

—— 以降続刊 ——

※ 一部品切・改訂中です。　2024.12.